TikZによる LaTeX グラフィックス

Stefan Kottwitz [著]
黒川利明 [訳]

LaTeX Graphics with TikZ:
A practitioner's guide to drawing 2D and 3D images,
diagrams, charts, and plots

朝倉書店

TikZ の発明者 Till Tantau、pgfplots の発明者 Christian Feuersänger に捧ぐ。TikZ の現在のメンテナ Henri Menke と Mark Wibrow の貢献に感謝する。

Kjell Magne Fauske には TeXample.net の作成、Izaak Neutelings には TikZ.net の活動、そして Denis Bitouzé、Patrick Bideault、 Alain Matthes には TikZ.fr のサポートに感謝する。

著者紹介

Stefan Kottwitz はイェーナとハンブルクで数学を学んだ。Lufthansa Industry Solutions でネットワークと IT セキュリティエンジニアとして働いている。

彼は長年インターネットフォーラムで LaTeX のサポートをしてきた。LaTeX.org と goLaTeX.de でウェブフォーラムを、TeXwelt.de と TeXnique.fr で Q&A サイトを開いている。また TeXample.net、TikZ.net、PGFplots.net という TeX グラフィックスサイト、TeXLive.net オンラインコンパイラ、TeXdoc.org サービス、および CTAN.net ソフトウェアミラーを運営している。

彼は、TeX Stack Exchange サイトと matheplanet.com のモデレータだ。LaTeX.net と TeX.co のブログで TeX ワールドでニュースやアイデアを発信している。

Packt から、*LaTeX Beginner's Guide*（2011）、同 *Second Edition*（2021）、*LaTeX Cookbook*（2015）、同 *Second Edition*（2024）、および本書 *LaTeX Graphics with TikZ*（2023） を出している。

レビューア紹介

Izaak Neutelings は University of Zurich（UZH）で修士号と博士号を取得した。現在、CERN で CMS 実験を行っており、陽子衝突で新粒子を探すという、実験素粒子物理学の基礎研究に従事している。彼は、TikZ の図を満載した UZH の物理学入門コースの講義ノートを執筆した。

Joseph Wright は広く使われている複数の LaTeX パッケージの著者であり、LaTeX プロジェクトチームのメンバーだ。彼は、訓練を積んだ化学者であり、無機化学の大学講師を勤めている。

LaTeX Graphics with TikZ
by Stefan Kottwitz

Copyright ⓒPackt Publishing 2023.
First published in the English language under the title "LaTeX Graphics with TikZ (9781804618233)"

Japanese translation rights arranged with Packt Publishing Ltd through Japan UNI Agency, Inc., Tokyo

まえがき

『TikZ による LaTeX グラフィック』は LaTeX で画像を作るための実用的な入門書だ。TikZ は強力なモダンコンピュータグラフィックスパッケージだ。本書を読めば、数学、科学、技術論文に図式や画像を入れるのが簡単になる。本書ではまず課題をこなして、一気に学習する。一見したところでは、一般的なグラフィックエディタの方が、色々なオプションがあって使いやすそうに見えるが、TikZ を学んで使いこなせれば、それだけの価値があることがわかる。

本書では、TikZ をインストールしたり、構文を学んだりという基本的な課題から始める。取り上げる例題は、座標系の理解、多角形の描画、ノード、アンカー、辺、矢印の処理などというように段階を踏んでいく。入力の手間を省きながら一貫したグラフィックスを作成するためにスタイルの活用も学ぶ。

さらに本書では、クリッピング、色塗り、シェーディング、デコレーションも学ぶ。座標の計算や、座標とキャンバスの移動変換についても学ぶ。

本書を読めば、アイデアやデータを可視化してプロフェッショナルな図表やプロットを 2 次元でも 3 次元でも表示できるようになる。

対 象 読 者

読者が、学生、研究者、あるいは現場の技術者で、課題発表や論文などの文書に図表、プロット、グラフィックスを含めた図を入れたいなら、本書によってそのような図を作れるようになる。読者が学生であれ、教師であれ、技術者であれ、本書は役に立つ。LaTeX の経験があるか、LaTeX の入門書やチュートリアルを読んでいるなら、本書をマスターできるはずだ。

本 書 の 内 容

第 1 章 「TikZ で始める」は TikZ 入門だ。他のグラフィックスパッケージと比較して TikZ の利点を論じる。TikZ とは何かという全体像と独特の哲学を理解する。TikZ をインストールする方法を学び、簡単な図を作成していく。さらに、TikZ や他のパッケージのマニュアルなどを参照するための役立つヒントが得られる。

第 2 章 「TikZ で最初の画像を作る」では、LaTeX 文書を一から作る。TikZ の構文を理解して、2 次元および 3 次元のデカルト座標と極座標を学ぶ。さらに、基本的な多角形の作り方、画像での色の使い方を学ぶ。

第 3 章 「ノードの位置決めと描画」ではノードという基本的概念を与える。様々な形態のノードを位置決めして並べ、テキスト、画像、ラベルを追加する方法を学ぶ。

第 4 章 「辺と矢印を描く」では、ノードの間を辺、直線、曲線、矢印でつなぐ方法を示す。辺にテキストラベルをつける方法や並べ方、位置、方向を調整する方法を学ぶ。線のスタイルや矢頭の形状をカスタマイズしたり両方向にする方法も学ぶ。

第 5 章 「スタイルと画像の読み込み」では、TikZ 要素をグローバルまたはローカルな style で定義して使う方法を学ぶ。ノードと辺でスタイルを使う方法とスコープを使って画像全体や画像の一部に対してスタイルを適用する方法を学ぶ。さらに、ミニ TikZ 画

像を他の画像の構成要素として使う方法も学ぶ。

第 6 章 「木とグラフの描画」では、親子の階層関係を表す木構造を作る方法を示す。アイデアを可視化するマインドマップの描き方やグラフを生成する簡潔な構文を与える。さらに、LaTeX の tabular 環境と同様な行列形式にオブジェクトを配置する方法も示す。

第 7 章 「塗りつぶし、クリッピング、シェーディング」では、より高度な技法から始める。複雑なパスで塗りつぶす方法、特定の領域の画像をクリップしたり、ある色から別の色になめらかに色を変える方法を学ぶ。

第 8 章 「パスの豊かな表現」では、線を曲げたりジグザグにしたり波打たせるようなクリエイティブな効果を加える技法を学ぶ。テキストを曲線に沿わせたり、1 つのパスに複数の作用を適用する方法も学ぶ。

第 9 章 「レイヤー、オーバーレイ、透明性を使う」では、様々なレイヤーに描画して、オブジェクトをテキストや画像の背後に置く方法を学ぶ。透明性を使ってこの効果を上げる方法も学ぶ。さらに、TikZ のビジュアルな注釈を通常の LaTeX 文書にスーパーインポーズしたり、透かしのような背景画像を追加したりする方法を学ぶ。

第 10 章 「座標とパスで計算する」では、TikZ で座標値を計算する効率的な方法を示す。この章は座標計算、距離や射影を使った座標の計算、パスの交点の計算を扱う。また、repeat コマンドでループしてコードを簡単にする方法を学ぶ。

第 11 章 「座標とキャンバスを変換する」では、変換による移動、回転、拡大縮小に焦点を絞る。図に対してちょっとした手直しや複雑な変更を加える必要がある場合に、適切な調整や位置変更ができるスキルを学ぶ。

第 12 章 「なめらかな曲線を描く」では簡単な曲線の曲がりを変えたり、なめらかにして角の尖りをなくし、手書きのように簡単に曲線を描く様々な方法を学ぶ。

第 13 章 「2D および 3D でのプロット」では、座標系でデータをプロットする方法を扱う。2D および 3D でデカルト座標と極座標の座標軸のカスタマイズ、凡例の追加、パラメトリック曲線のプロット、プロットの交点の計算、プロットの間の色塗りを扱う。

第 14 章 「各種チャートを描く」では、フローチャート、関係図、説明図、数量を表す図の作り方を学ぶ。図全体を自動的に作れるようにパッケージの活用法を学ぶ。

第 15 章 「TikZ で楽しもう」では、スキルの高い TikZ ユーザが追加パッケージのプログラミングを楽しみ TikZ コミュニティでシェアする方法などを列挙する。かわいい動物、人物、国旗、パズルやゲームを描画する方法も学ぶ。

本書の活用法

TikZ を使うには、TeXLive、MiKTeX、MacTeX など自分のコンピュータに LaTeX をインストールする必要がある。TikZ と LaTeX は Windows、Linux、macOS、その他の Unix OS で使用できる。本書の全コードは、Debian Linux 上の TeXLive 2023 と macOS Ventura 上の MacTeX2023 でテスト済みだ。LaTeX をインストールしたくない人は、https://tikz.org および https://tikz.jp [1]でコード例を得ることができる。このサイトには、スマホやタブレットからも使えるオンラインコンパイラが含まれている。他の方式としては、https://www.overleaf.com に登録して、GitHub や TikZ.org で得たコード例をコンパイルすることもできる。

---

[1] ［訳注］原著者の Stefan Kottwitz さんがご厚意でこの日本語版用に用意してくださった。https://tikz.org の機械翻訳のため、本書中とは日本語表現が一致しないところがあることをご承知おきいただきたい。

本書のコード例の開発とテストには TikZ バージョン 3.1.9.a を使用した。本書で参照している TikZ マニュアルは、このバージョンによる。将来のバージョンでは節番号などが変わることがある。

コード例ファイルのダウンロード

本文中では、LaTeX のドキュメント部分やプリアンブルは繰り返し記述することを避けて、肝心の部分のコードスニペットだけを示した。コード全体はオンラインで得られるので必要なら調べればよい。

すべての例は `standalone` クラスを使っている。コード例と TikZ は、一般にどのような LaTeX 文書クラスでも使うことができる。

本書のコード例は、`https://github.com/PacktPublishing/LaTeX-graphics-with-TikZ` の GitHub からダウンロードできる。コードの改訂があれば、この GitHub リポジトリが更新される。

`https://www.overleaf.com/docs?snip_uri=https://tikz.jp/code.zip` というリンクを使って全コードを Overleaf のプロジェクトとして開くことができる。

図のカラー画像のダウンロード

本書のスクリーンショットや図式のカラー画像の PDF ファイルは、`https://packt.link/7hkx1` からダウンロードできる。

本書の表記法

本書では次のような表記法を用いる。

`Code in text` は、本文中のコード、データベーステーブル名、フォルダ名、ファイル名、ファイル拡張子、パス名、ダミーの URL、ユーザ入力、ツイッター（現 X）のハンドル名に使う。例：青い円を描くには `\draw [blue] circle (1cm);` と書く。

コードブロックは次のようになる。

```
\begin{tikzpicture}
\draw (-0.5,0) to ["text"] (0.5,0);
\end{tikzpicture}
```

コードブロックの特定の部分に注意してもらうために、関連部分を太字にする。

```
\begin{axis}[axis lines=center]
\addplot {x^3/5 - x};
\end{axis}
```

コマンドライン入出力は次のように書く。

```
texdoc tikz
```

太字：
新しい用語や重要な単語は太字で表記する。

目　　次

1. Ti*k*Z ではじめる　　1

    1.1　技 術 要 件 ……………………………………………………………… 1

    1.2　Ti*k*Z とは何か ………………………………………………………… 2

    1.3　他のグラフィックスパッケージ ……………………………………… 2

        1.3.1　LaTeX 描画環境 ……………………………………………… 2

        1.3.2　MetaPost …………………………………………………… 3

        1.3.3　Asymptote ………………………………………………… 3

        1.3.4　PSTricks …………………………………………………… 3

    1.4　Ti*k*Z の利点 …………………………………………………………… 3

    1.5　Ti*k*Z のインストール ………………………………………………… 4

        1.5.1　標準的な TeX ディストリビューションの場合 …………… 4

        1.5.2　OS で TeX をインストールした場合 ……………………… 4

        1.5.3　ソースでのインストール …………………………………… 5

    1.6　Ti*k*Z に関するドキュメント類の処理 ……………………………… 5

    1.7　Ti*k*Z で図を作る ……………………………………………………… 6

    1.8　ま と め ………………………………………………………………… 6

    1.9　さらに学ぶために ……………………………………………………… 7

2. Ti*k*Z で最初の画像を作る　　8

    2.1　技術要件 ………………………………………………………………… 8

    2.2　tikzpicture 環境を用いる …………………………………………… 8

    2.3　座標を扱う ……………………………………………………………… 10

        2.3.1　デカルト座標 ………………………………………………… 10

        2.3.2　極 座 標 ……………………………………………………… 12

        2.3.3　3次元座標 …………………………………………………… 13

        2.3.4　相対座標を使う ……………………………………………… 14

        2.3.5　単位の使用 …………………………………………………… 15

    2.4　幾何図形を描く ………………………………………………………… 16

    2.5　色を使う ………………………………………………………………… 16

    2.6　ま と め ………………………………………………………………… 18

    2.7　さらに学ぶために ……………………………………………………… 18

3. ノードの位置決めと描画　　19

    3.1　技術要件 ………………………………………………………………… 19

    3.2　ノードの理解 …………………………………………………………… 19

    3.3　シェイプとアンカーの使い方 ………………………………………… 21

        3.3.1　四 角 形 ……………………………………………………… 21

  3.3.2 円と楕円 ･･ 22
  3.3.3 座　　標 ･･ 22
  3.3.4 他のシェイプ ････････････････････････････････････ 23
 3.4 ノード内およびノード周囲の間隔あけ ････････････････････････ 24
 3.5 ノードの位置決めと整列 ･･････････････････････････････････ 26
  3.5.1 アンカーを使った相対的位置決め ････････････････････ 26
  3.5.2 直線に沿ってノードを配置する ･･････････････････････ 27
  3.5.3 テキストのベースラインに沿ったノードの配置 ････････ 28
  3.5.4 テキストのベースラインに沿ってすべての図を並べる ･･ 29
 3.6 ラベルとピンの追加 ･･････････････････････････････････････ 30
 3.7 ノードに画像を配置 ･･････････････････････････････････････ 32
 3.8 ま　と　め ･･ 33
 3.9 さらに学ぶために ･･ 33

4. 辺と矢印を描く　　35

 4.1 技 術 要 件 ･･ 35
 4.2 辺でノードを連結する ････････････････････････････････････ 35
 4.3 辺にテキストをつける ････････････････････････････････････ 36
 4.4 辺のオプションを詳しく調べる ････････････････････････････ 39
  4.4.1 パスオプション ･･････････････････････････････････ 39
  4.4.2 接続オプション ･･････････････････････････････････ 39
 4.5 矢印を描く ･･ 40
  4.5.1 数学の矢印 ･･････････････････････････････････････ 40
  4.5.2 とげ矢印 ･･ 41
  4.5.3 幾何形状の矢印 ･･････････････････････････････････ 41
  4.5.4 矢頭のカスタマイズ ･･････････････････････････････ 42
 4.6 to オプションの使い方 ･･････････････････････････････････ 42
 4.7 ま　と　め ･･ 43
 4.8 さらに学ぶために ･･ 44

5. スタイルと画像の読み込み　　45

 5.1 技 術 要 件 ･･ 45
 5.2 スタイルの理解 ･･ 45
 5.3 スタイルの定義と利用 ････････････････････････････････････ 46
 5.4 スタイルの継承 ･･ 49
 5.5 グローバルおよびローカルなスタイル利用 ･･････････････････ 50
 5.6 スタイルの引数 ･･ 51
 5.7 pic の作成と利用 ･･ 52
 5.8 ま　と　め ･･ 55
 5.9 さらに学ぶために ･･ 55

6. 木とグラフの描画　　56

 6.1 技 術 要 件 ･･ 56

目次 v

	6.2	木の描画 ·····	56
	6.3	マインドマップの作成 ·····	62
	6.4	グラフの作成 ·····	64
	6.5	行列型の要素配置 ·····	67
	6.6	まとめ ·····	69
	6.7	さらに学ぶために ·····	69

7. 塗りつぶし、クリッピング、シェーディング　71

	7.1	技術要件 ·····	71
	7.2	領域の塗りつぶし ·····	71
	7.3	パスの内部を理解 ·····	72
		7.3.1 ノンゼロワインディング規則 ·····	72
		7.3.2 偶奇規則 ·····	75
		7.3.3 ノンゼロワインディング規則と偶奇規則の比較 ·····	75
	7.4	描画のクリッピング ·····	76
	7.5	逆クリッピング ·····	79
	7.6	領域のシェーディング ·····	81
		7.6.1 軸シェーディング ·····	81
		7.6.2 放射シェーディング ·····	83
		7.6.3 ボールシェーディング ·····	83
		7.6.4 双線形補間 ·····	84
		7.6.5 カラーホイール ·····	84
	7.7	まとめ ·····	86
	7.8	さらに学ぶために ·····	86

8. パスの豊かな表現　87

	8.1	技術要件 ·····	87
	8.2	パスを複数回使うための事前および事後アクション ·····	87
	8.3	デコレーションの理解 ·····	88
	8.4	利用可能なデコレーションタイプ ·····	90
		8.4.1 パスモーフィング ·····	90
		8.4.2 パスを記号で置き換える ·····	91
		8.4.3 パスをテキストでデコレーション ·····	93
		8.4.4 マーキングの追加 ·····	94
	8.5	デコレーションの調整 ·····	95
	8.6	まとめ ·····	97
	8.7	さらに学ぶために ·····	97

9. レイヤー、オーバーレイ、透明性を使う　98

	9.1	技術要件 ·····	98
	9.2	透明性の使い方 ·····	98
	9.3	背面レイヤーと前面レイヤーへの描画 ·····	104
	9.4	LaTeX コンテンツに TikZ 描画をオーバーレイする ·····	105

	9.5 ページの背面の図の配置	106
	9.6 ま と め	107
	9.7 さらに学ぶために	108

10. 座標とパスで計算する　110

	10.1 技 術 要 件	110
	10.2 ループで繰り返す	110
	10.3 座標で計算する	112
	10.3.1 座標の足し算と引き算	113
	10.3.2 座標間の点を計算する	113
	10.3.3 線上への射影	114
	10.3.4 角度の追加	114
	10.4 ループ変数の評価	115
	10.4.1 ループの反復回数を数える	115
	10.4.2 ループ変数の評価	116
	10.4.3 ループ変数の記憶	116
	10.5 パスの交差した部分の計算	118
	10.6 ま と め	119
	10.7 さらに学ぶために	120

11. 座標とキャンバスを変換する　121

	11.1 技 術 要 件	121
	11.2 ノードと座標のシフト	121
	11.3 回転、スケーリング、斜めに傾ける	122
	11.4 キャンバスの変換	128
	11.5 ま と め	129
	11.6 さらに学ぶために	129

12. なめらかな曲線を描く　130

	12.1 技 術 要 件	130
	12.2 選んだ点を通過するなめらかな曲線を自分で作る	130
	12.3 平滑化プロット機能を使って点を結ぶ曲線を描く	133
	12.4 3次ベジエ曲線の指定	134
	12.5 ベジエスプラインを使って与えられた点を結ぶ	135
	12.6 Hobby アルゴリズムを使って点をなめらかに結ぶ	136
	12.7 ま と め	139
	12.8 さらに学ぶために	139

13. 2D および 3D でのプロット　140

	13.1 技 術 要 件	140
	13.2 プロット入門	140
	13.3 デカルト座標軸、目盛り、ラベルの作成とカスタマイズ	142
	13.3.1 axis 環境を理解する	143

　　　　13.3.2　目盛りとラベルのカスタマイズ ･･････････････････････････････ 145
　　13.4　プロットコマンドとオプションの使い方 ･･････････････････････････ 146
　　13.5　プロットの間の領域の塗りつぶし ････････････････････････････････ 147
　　13.6　プロットの交点の計算 ･･ 149
　　13.7　凡例の追加 ･･ 150
　　13.8　極座標系の使用 ･･ 151
　　13.9　パラメトリック曲線のプロット ･･････････････････････････････････ 151
　　13.10　3次元のプロット ･･･ 154
　　13.11　ま　と　め ･･･ 155
　　13.12　さらに学ぶために ･･･ 155

14. 各種チャートを描く　　　　　　　　　　　　　　　　　　　　　　　157

　　14.1　技 術 要 件 ･･ 157
　　14.2　フローチャートの作成 ･･ 157
　　　　14.2.1　線形フローダイアグラム ････････････････････････････････････ 158
　　　　14.2.2　円環状のフローチャート ････････････････････････････････････ 161
　　14.3　関係図の作成 ･･ 162
　　14.4　説明図を描く ･･ 165
　　14.5　量を表示するチャートの作成 ････････････････････････････････････ 168
　　　　14.5.1　折れ線グラフ ･･ 168
　　　　14.5.2　棒 グ ラ フ ･･ 171
　　　　14.5.3　円 グ ラ フ ･･ 174
　　　　14.5.4　ホイールチャート ･･ 175
　　14.6　ま　と　め ･･ 176
　　14.7　さらに学ぶために ･･ 177

15. TikZで楽しもう　　　　　　　　　　　　　　　　　　　　　　　　178

　　15.1　技 術 要 件 ･･ 178
　　15.2　かわいい生きものを描く ･･ 178
　　　　15.2.1　ゴム製のアヒルで遊ぶ ･･････････････････････････････････････ 178
　　　　15.2.2　TikZlingsとの出会い ･･････････････････････････････････････ 179
　　　　15.2.3　雪だるまを作る ･･ 182
　　　　15.2.4　ペンギンと遊ぶ ･･ 182
　　　　15.2.5　人間を描く ･･ 183
　　15.3　遊びと工作 ･･ 184
　　　　15.3.1　ジグソーパズルを作る ･･････････････････････････････････････ 184
　　　　15.3.2　ブロックを組み立てる ･･････････････････････････････････････ 187
　　15.4　世界の国旗を描く ･･ 189

訳者あとがき ･･ 191
索　　　引 ･･ 192

第1章

TikZで始める

まずはLaTeXを使っていることを祝福したい。書くという作業に関して優れたツールを選んでいるからだが、TikZを使うことで今度はさらに高品質の図面があなたの文書に加わるわけだ。

本書では、LaTeXをよく理解して、LaTeXエディタやコンパイラを使いこなせることを前提にしている。もしまだLaTeXについて学習中なら、下記の本を薦めておきたい。

- *LaTeX Beginner's Guide, Second Edition,* Packt, 2021 すぐに役立つ本。関連情報が https://latexguide.org にある。
- *LaTeX Cookbook,* Packt, 2015 様々な文書ですぐ使える例がたくさんある。https://latex-cookbook.net のウェブサイトを参照するとよい。

本章は早わかりともいうべき手引になる。次のような内容を扱う。

- TikZとは何か
- 他のグラフィックスパッケージ
- TikZのインストール
- TikZに関するドキュメント類の処理
- 初めてTikZの図を作る

以降、各章の初めに簡単に技術要件をまとめておく。まず、本章についてだ。

1.1 技術要件

自分のコンピュータにLaTeXをインストールしておく必要がある。TeXLive (https://tug.org/texlive)、MacTeX (https://tug.org/mactex)、MiKTeX (https://miktex.org) などがある。機能をすべて含んだフルインストールを推奨する。ハードディスクに8GBほどの容量の空きが必要になるだろうが、パッケージが欠けていないかと心配する必要がない。

LaTeXの代わりにOverleaf (https://overleaf.com) を使うこともできる。オンラインの優れたLaTeXエディタ兼コンパイラだ。ただし、使用する間、常にインターネットに接続しておく必要がある。

本章の例として取り上げるコードはすべてGitHubの https://github.com/PacktPublishing/LaTeX-graphics-with-TikZ/tree/main/01-Getting-Started-with-TikZ にある。

https://tikz.org および https://tikz.jp [*1] でも本章のコード例がすべて掲載されている。このウェブサイトで、コードを編集コンパイルしてPDFファイルを作ることができるので、スマホやタブレットで本書のコードを操作できる。

[*1] ［訳注］以下、原則として https://tikz.jp のみを示すが、https://tikz.org も適宜参照されたい。

1.2　TikZ とは何か

TikZ の発明者 Till Tantau は、「TikZ は描画プログラムではない」という意味のドイツ語 **TikZ ist kein Zeichenprogramm** の頭文字を取ってこの名前をつけた。これは、Windows の Microsoft Paint、Mac の Paintbrush、Adobe Illustrator Draw、フリーの Inkscape のようにペンやマウスで描画することは期待できないということを彼特有の冗談めかした言い方で強調したものだ。

手短に言えば、TikZ はグラフィックス描画の TeX コマンド集だ。LaTeX が文書用のコードであるように、TikZ はグラフィックス用のコードであり、LaTeX のコードと同じに見える。TikZ では、`\draw [blue] circle (1cm);` と書いて、半径 1 cm の青い円を PDF 文書に描ける。

TikZ のもとは、**Portable Graphics Format** の略称の PGF だ。PGF は、pdfLaTeX と古典的な DVI/PostScript ベースの LaTeX で使えるグラフィックスマクロ集だ。今日では、TikZ がフロントエンド、PGF がバックエンドである。だから、TikZ のインストール時には、TeX パッケージマネージャで PGF を探す必要があるし、pgf という文字を含むパッケージを見かけるのだが、開発者でない限りは、ほとんど TikZ の構文だけでほぼ済むだろう。

1.3　他のグラフィックスパッケージ

TikZ を始める前に、これまでの経緯とほかにどんなものがあるかをざっと見ることにしよう。

1.3.1　LaTeX 描画環境

LaTeX そのものには基本グラフィックスコマンドが用意されている。描画のために、`picture` 環境を使うことができる。

その働きがどんなものかわかるように、次の簡単な例を見てみよう。

```
\setlength{\unitlength}{1cm}
\begin{picture}(1,1)
  \put(0,0){\circle{1}}
  \put(-0.5,0){\line(1,0){1}}
  \put(-0.3,0.06){text}
\end{picture}
```

出力は次のようになる（図 1.1）。

● 図 1.1　古典的 LaTeX 描画

ここでは、次のようなことをした。

1. 長さの単位を設定した。描画コマンドの数値はこの基本単位長の倍数とみなされる。
2. デカルト座標の位置 `x,y` に何かを描くために、`\put(x,y){...}` を使った。
3. `\circle{x}` と書いて、直径が単位長の `x` 倍の円を描く。
4. `\line(x,y){z}` を使って、長さが単位長の `z` 倍でベクトル方向 `(x,y)` の直線を得る。

矢印や長円を描くようなコマンドもほかにあるが、これで十分だろう。面白いのは次のところだ。LaTeX が開発された当初は、直線、円、長円は、それぞれフォントからつくられ、描画は記号を組み合わせることだった。結果として、あらかじめ定義された傾き以外の直線は描けず、円も約 14 mm までしか描けなかった。できた画像は、近似的なもので完全には見えなかった。今日では、古典的描画環境を拡張していくつかの制限を取り除いた pict2e パッケージがあるが、同じようなものだ。基本的な描画モードについて興味があるなら、https://texdoc.org/pkg/pict2e を参照するとよい。

1.3.2 MetaPost

MetaPost は、強力で成熟した独自の描画言語だ。PostScript コードを生成するので PDF ファイルに変換できる。MetaPost は、外部プログラムやライブラリの一例だ。TeX ユーザにとっては初期のグラフィックス用途に使われており、現在でも使われている。構文が LaTeX とは異なるので本書ではこれ以上扱わない。情報が必要なら https://metapost.eu を参照するとよい。

1.3.3 Asymptote

Asymptote は、MetaPost を参考にしたベクトルグラフィックス言語だ。数式が主体だが 3D 機能を備える。画像中の文字には LaTeX を使えるので、画像は LaTeX 文書に合致する。しかし、あくまで外部ソフトなので、本書ではこれ以上扱わない。詳細については https://asymp.net を参照するとよい。

1.3.4 PSTricks

PSTricks は、PDF ファイルに変換可能な PostScript コードを作る TeX マクロの広範な集合体だ。LaTeX ユーザは、サポートパッケージを使えば自動変換できる。PSTricks パッケージは、サイズが大きく非常に強力で、これを使った追加パッケージが多数ある。TikZ がもしも存在しなければ、LaTeX を使うなら PSTricks ということになっただろう。しかし、PostScript を使う上での制限、難しい構文、ユーザベースサポートといった点で TikZ に劣る。いずれは、TikZ がもっと一般的になるだろう。詳しくは https://pstricks.org を参照するとよい。

ここまででほかのグラフィックスパッケージを概観したので、次に、これらの競合パッケージや古典的な GUI ソフトウェアと比べて、TikZ のどこがよいかを見ていこう。

1.4 TikZ の利点

形状をマウスでクリックしたり、ツールバーやドラッグアンドドロップで描画要素を処理する古典的な描画プログラムと比較すると、TikZ は大きく異なっている。TikZ では、グラフィックスをコードでプログラムする。

つまり、グラフィックスは次のようになる。

- 精度：描画やテキスト要素を、アンカー、ベースライン、整列、相対位置、座標計算を用いて正確に位置づける。
- 一貫性：TikZ は LaTeX と完全に一体化している。LaTeX フォント、記号、数式、色、マクロを描画で使えて、描画のためのコードも記法も LaTeX の流儀とまったく同じである。これは、外部で作成した画像をインポートするのとは全く異なる。
- 高品質：TikZ はスケーラブルな PDF 画像を生成し、ズームイン/アウトしても問題なく見られる。ぼやけた画像やピクセル画像は生じない。
- 効率性：同じような画像は同じようなコードとスタイルになる。すべて再利用可能で、

グローバルなスタイルとして設定すれば、文書内の全画像に適用できる。これは、繰り返しの作業が減ることを意味する。
- クロスプラットフォーム：描画したものが LaTeX が稼働する主要な OS とオンラインコンパイラで使える。さらに、pdfLaTeX、XeLaTeX、LuaLaTeX のような一般的な (La)TeX エンジン、おまけに plainTeX や巨大マクロパッケージで LaTeX の興味深い代替である ConTeXt のようなものでも使うことができる。

TikZ では、科学的なタイプセッティング、品質、スタイルとコンテンツの分離、GitHub のようなバージョン管理といった LaTeX の利点を使える。

多くの開発者が、図式やチャート、プロット、ツリー、その他の画像をもっと簡単に作れて、もっと使いやすいインタフェースになるように、TikZ を使ってパッケージを作っている。巨大なユーザベースができており、何千もの TikZ の描画が完全なコード付きでインターネットで閲覧可能な https://tikz.net や https://texample.net のようなオンラインギャラリーを形成している。

初心者には、TikZ ギャラリーをブラウズして、望んでいる結果に近い例を選び出し、そのコードを出発点にするのがいいだろう。本書を読めば、そのようなコードを理解して、修正することが可能になる。1300 ページもある優れた TikZ マニュアルが、必要なスタイルを調べるための参考になるだろう。

準備が終わったので、TikZ のインストールの詳細に入ろう。

1.5 TikZ のインストール

すでに LaTeX をインストールしてあるので、pgf と xcolor パッケージがインストールされているのを確かめるだけでよい。これらは次の 3 種類の方法でインストールできる。

1.5.1 標準的な TeX ディストリビューションの場合

LaTeX を TeX ディストリビューションの DVD やインターネットからインストールした場合には、パッケージマネージャを使って pgf と xcolor パッケージをインストールできる。次は、3 つの主な TeX ディストリビューションとインストール手続きだ。

- TeXLive：TeXLive Manager（`tlmgr` または `tlshell`）を起動して、pgf と xcolor パッケージをインストールする。
- MiKTeX：MiKTeX パッケージマネージャ（`mpm`）を使って pgf と xcolor をインストールする。
- MacTeX：TeXLive Utility を使って pgf と xcolor をインストールする。

TikZ を後でアップデートしたい場合は、通常の TeX ディストリビューションに対する通常の更新を実行すれば pgf も更新される。

1.5.2 OS で TeX をインストールした場合

Linux の場合はそれが普通なのだが、OS のリポジトリから LaTeX をインストールした場合は、OS のツールを使うべきだ。例えば、ターミナルからコマンドラインでインストールするには、OS の種類に応じて次のようにする。

- **Debian**：OS のバージョンによるが次を実行する。

```
aptitude install pgf
```

または次を実行する。

```
apt-get install latex-xcolor
apt-get install pgf
```

または次を実行する。

```
apt-get install texlive-pictures
```

これには、他のグラフィックス関連 LaTeX パッケージが含まれる。

- **Ubuntu**：Debian と同じだが、コマンドの前に `sudo` をつける。
- **Redhat, CentOS, Fedora**：これらには `yum` を使う。

```
sudo yum makecache
sudo yum -y install texlive-pgf
```

または `dnf` を使う。

```
sudo dnf makecache
sudo dnf -y install texlive-pgf
```

Linux のバージョンが更新されるときには、TikZ（PGF）も更新される。

1.5.3 ソースでのインストール

これは稀な場合で通常は必要ない。しかし、エキスパートは冒険を好むものだ。簡単に 2 つの方法を述べる。

- `https://ctan.org/pkg/pgf` から **TeX Directory Structure**（**TDS**）に準拠した TikZ zip ファイル（`pgf.tds.zip`）をダウンロードできる。TikZ マニュアルには、*Installation in a texmf Tree* でインストールの方法が載っている。
- `https://github.com/pgf-tikz/pgf` の TikZ GitHub プロジェクトサイトから指示に従ってダウンロードしてインストールできる。

しかし、TeX ディストリビューションか OS による TikZ パッケージを使ったほうが、一貫性と適合性の観点からも望ましい。

1.6 TikZ に関するドキュメント類の処理

LaTeX と TikZ のインストールでは、ドキュメント類も含まれている。次のどちらかの方法で読むことができる。

- **Windows**：スタートメニューから `cmd` を実行（または、コマンドプロンプトを開く）
- **Apple macOS** または **Linux**：ターミナルウィンドウを開く

次のコマンドを入力する。

```
texdoc tikz
```

PDF 閲覧アプリが起動して、TikZ マニュアルが読める。全 1300 ページもあるが、以下のような理由がある。怖気づく必要はない。

- たくさんの機能が、索引、ハイパーリンクを備えた形できちんと文書化されている。検索ができ、多数の例や参照も多数ある。
- PGF バックエンド、基本レイヤー、ドライバーレベルのシステムレイヤーに数百ページ費やされている。これらは、ユーザとしてはほとんど必要ない。

- 追加ライブラリとユーティリティがすべて載っている。
- チュートリアルが 5 つある。

将来的に、このマニュアルが TikZ マニュアル、開発者用の PGF バックエンドリファレンス、チュートリアルに分割されることを願う。

Overleaf オンラインコンパイラのように、コンピュータに `texdoc` がなかったり文書保存できない場合、https://texdoc.org/pkg/tikz でマニュアルを開き、ダウンロードできる。

代わりに、`lwarp` パッケージで作られた HTML 形式の TikZ マニュアルが https://tikz.dev にある。特にスマホの場合、行長が固定された PDF よりもリフローの HTML のほうがはるかに読みやすい。

セットアップがすべてできて、重要な点について述べたので、さっそく TikZ の図を作ってみよう。

1.7　TikZ で図を作る

最初の目標は、古典的な LaTeX 描画モードで描いた図 1.1 と同じ図を TikZ で描き、TikZ の感じをつかんでもらうことだ。

TikZ で描くには、次の 3 ステップが必要だ。

1. プリアンブルで `tikz` パッケージをロードする。

```
\usepackage{tikz}
```

2. TikZ では、追加機能を別のライブラリで用意している。ここでは、図の中で使う文章を簡単に引用できる注釈追加機能として、`quotes` ライブラリをロードする。

```
\usetikzlibrary{quotes}
```

3. 描画のために `tikzpicture` 環境を使う。1.3.1 項で取り上げた最初のコードでは `picture` 環境だったが、TikZ では次のようになる。

```
\begin{tikzpicture}
  \draw circle (0.5);
  \draw (-0.5,0) to ["text"] (0.5,0);
\end{tikzpicture}
```

これで次のような出力になる（図 1.2）。

● 図 1.2　最初の TikZ 描画

半径 0.5 cm の円をデフォルトの原点 (0,0) を中心に描いた。そしてデカルト座標で (−0.5, 0) から (0.5, 0) にラベルが `text` の直線を引いた。

1.8　まとめ

本章では、TikZ とは何か、インストールの方法、マニュアルなどへのアクセス方法を学んだ。構文をひとかじりして最初の TikZ の図を書いた。まだまだ学ぶことはたくさん

ある。

次章以降では、TikZ コマンド、オブジェクト、スタイルをさらに学ぶ。次章では、基本的ツールボックス、座標、パス、色、線、円、曲線、図形について学ぶ。

1.9 さらに学ぶために

TikZ マニュアルは、包括的で優れた参考書だ。本書でも何度も参照する。PDF 版は https://texdoc.org/pkg/tikz に、スマホやタブレットでも読みやすい HTML 版は https://tikz.dev にある。

Michel Goossens, Frank Mittelbach らによる *LaTeX Graphics Companion* は、LaTeX グラフィックス作成のまとまった本だ。初版は 1997 年 [*2]、第 2 版は 2007 年（リプリントが 2022 年）発行なので、最新の開発が含まれていない。私はリプリント版を購入し、TikZ がないのに気づき、本書を書こうと思った。

Herbert Voss の *PSTricks: Graphics and PostScript for TeX and LaTeX* は、PSTricks の例が豊富にあり参考になる。

Walter Entenman の *MetaPost: Grafik für TeX und LaTeX* は MetaPost についてのお薦めの本だが、残念ながらドイツ語版しかない。

[*2] ［訳注］邦訳：『LaTeX グラフィックスコンパニオン— TeX と PostScript による図解表現テクニック』、鷺谷好輝訳、アスキー、2000。

第 2 章

TikZ で最初の画像を作る

本章では最も基本的かつ本質的な概念を扱う。
具体的には次のようなことだ。

- tikzpicture 環境を用いる
- 座標を扱う
- 幾何図形を描く
- 色を使う

これらで、次章以降のより複雑な描画への基礎ができる。

幾何学や座標について知っていることが望ましいが、必要な部分は簡単に復習する。

本章を終えれば、直線、多角形、円、楕円、弧などを用いた色付きの描画ができるようになる。また、それらの図形を座標系に配置することもできるようになる。

2.1 技術要件

自分のコンピュータに LaTeX があるか、Overleaf を使って本章のコード例をコンパイルできる必要がある。もしくは、本書のウェブサイトで、例を編集してコンパイルすることもできる。本章のコードは https://tikz.jp/chapter-02 にある。

コードは https://github.com/PacktPublishing/LaTeX-graphics-with-TikZ/tree/main/02-First-steps-creating-TikZ-images の GitHub にもある。

2.2 tikzpicture 環境を用いる

前章では基本的に、TikZ をロードして、描画コマンドを含む tikzpicture 環境を使った。本章の全描画の基礎となる描画を段階を踏んで作成していこう。目標は、点線で長方形のグリッドを描くことだ。このようなグリッドは、図中でオブジェクトを位置づけるのに役立つ。私は、このような補助グリッドから描画を始め、最後の版ではグリッドを取り払う。

最初の TikZ の例なので、順番に実行して、説明する。

1. LaTeX エディタを開く。standalone ドキュメントクラスで始める。クラスオプションには tikz を使い、余白を 10 pt で定義する[*1)]。

    ```
    \documentclass[tikz,border=10pt]{standalone}
    ```

2. ドキュメント環境を始める。

    ```
    \begin{document}
    ```

[*1)] ［訳注］standalone ドキュメントクラスにかぎらず、日本語用の (u)pLaTeX（および dvipdfmx）を使用する場合には、これらに加えて dvipdfmx オプションもクラスオプションに追加する。

3. 次いで、`tikzpicture` 環境を始める。

    ```
    \begin{tikzpicture}
    ```

4. 座標 $(-3,-3)$ から座標 $(3,3)$ まで細い点線のグリッドを描く。

    ```
    \draw[thin,dotted] (-3,-3) grid (3,3);
    ```

5. 水平と垂直の座標軸が見やすいように矢印を描く。

    ```
    \draw[->] (-3,0) -- (3,0);
    \draw[->] (0,-3) -- (0,3);
    ```

6. `tikzpicture` 環境を終える。

    ```
    \end{tikzpicture}
    ```

7. ドキュメントを終える。

    ```
    \end{document}
    ```

ドキュメントをコンパイルして出力を見る（図 2.1）。

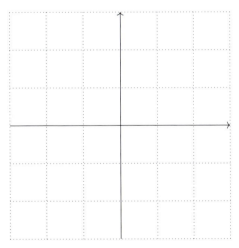

● 図 **2.1**　長方形グリッド

ステップ 1 では、`standalone` クラスを使った。このクラスでは、一つの画像からなるドキュメントを作り、コンテンツだけの PDF 文書を作る。よって、A4 やレターサイズの用紙に小さな図とたくさんの余白を出力することはしない。

図のまわりに 10 pt のわずかな余白をもたせるために、`border=10pt` と書いて、PDF ビューアでの見映えをよくした。`standalone` クラスは図面用なので、`tikz` オプションがある。そうすると、このクラスは TikZ を自動的にロードするので、`\usepackage{tikz}` と書かなくて済む。

ステップ 1 でドキュメントを開始し、ステップ 3 で `tikzpicture` 環境を始めた。終えるまで、すべての描画コマンドがこの環境にある。これは LaTeX 環境なので、オプションの引数を取る。例えば、`\begin{tikzpicture}[color=red]` と書いて、別に指定しない限りすべての描画を赤にできる。後で、重要なオプションについて述べる。

ステップ 4 がグリッドを描くという肝心の部分だ。本書で頻繁に目にする `\draw` コマンドを使った。次のようなことを指定する。

- 方法：LATEX 構文に従い、角括弧で `thin` と `dotted` オプションを追加した。よって、この `\draw` コマンドで描くすべてが細い点線になる。
- 位置：$(-3,-3)$ を始点座標、$(3,3)$ を終点座標とした。次節では座標について学ぶ。
- 対象：`grid` 要素は、左隅が始点、右隅が終点の長方形と似ている。ただし、長方形の中にグリッドを描く。それらはすでに述べたように、細い点線だ。

`\draw` コマンドは、座標と描画要素で指定されるパスを作り、セミコロンで終了する。例えば次のように書く。

```
\draw[<style>]<coordinate> <picture element> <coordinate> ...;
```

パスはセミコロンで終えねばならない。パスの座標、要素、オプションは柔軟だがかなり複雑で、セミコロンで終えるという規則により、TikZ はパスがどこで終わり、次のコマンドが何かを解釈する。

グリッドの線は、デフォルトで 1 単位ごとになっている。オプションの `step` 引数で変えられる。例えば `grid[step=0.5]` と書くか、次のように `\draw` オプションの初めで指定する。

```
\draw[thin,dotted,step=0.5]<coordinate>
   <picture element><coordinate> ... ;
```

ステップ 5 では 2 つの線を描いた。この描画要素は与えられた座標の直線だ。`--` という短い記法（ショートカット）で直線を表す。`->` スタイルは、矢印の矢を終端に描くことを表す。次節では、たくさんの線を描く。

最後に、`tikzpicture` と `document` 環境を終える。

> **TikZ、ドキュメントクラス、図**
>
> 本書では、TikZ の図を作ることが中心だ。TikZ を `article`, `book`, `report` など LATEX のどのクラスにも使えることを覚えておこう。さらには、`\includegraphics` のように `\label` や `\caption` のある `figure` 環境でも TikZ の図を使える。

本節ではいくつかのコマンドを扱ったが、次のテーマである座標の概念はもっとよく調べる必要がある。

2.3 座標を扱う

TikZ で線、円、その他の要素を描くとき、どこに描画するかを告げる必要がある。そのために座標を使う。

学校で習った初等幾何や幾何の本を思い出すだろうが、ここでは、描画で要素の位置決めに幾何学の知識を使う。

古典幾何学から始めて TikZ での使い方を学ぼう。

2.3.1 デカルト座標

学校で習ったデカルト座標系を思い出そう。簡単に復習する。描画する 2 次元平面で、左から右へ水平方向の x 軸と下から上へ垂直方向の y 軸を考える。すると、点の位置を座標軸からの距離で定義できる。図 2.2 を見よう。

図 2.2 では、原点と呼ぶ点 $(0,0)$ がある。どちらの座標軸からも距離が 0 だ。他に、x

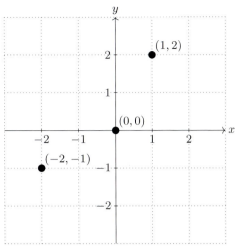

●図 2.2　デカルト座標系

方向に 1、y 方向に 2 の距離にある点 $(1,2)$ がある。同様に、点 $(-2,-1)$ については x 軸の値が負の方向、y 軸の方向も負だ。

x 軸と y 軸のラベルと点線のグリッドから、距離がわかる。線を引くときには、図 2.1 のグリッドを再利用する。

座標と座標の間に描画要素を指定し、`--` が直線だということを覚えておこう。だから、次のコマンドで座標 $(2,-2)$ から $(2,2)$ への直線が引ける。

```
\draw (2,-2) -- (2,2);
```

このコマンドに座標と直線をさらに追加して正方形を作ろう。見やすくなるように青の太線にしよう。

```
\draw[very thick, blue] (-2,-2) -- (-2,2)
  -- (2,2) -- (2,-2) -- cycle;
```

ここで、`cycle` がパスを閉じるので、最後の線は先頭の座標に戻る。

図 2.1 のコードに加筆した部分は太字にした。

```
\documentclass[tikz,border=10pt]{standalone}
\begin{document}
\begin{tikzpicture}
  \draw[thin,dotted] (-3,-3) grid (3,3);
  \draw[->] (-3,0) -- (3,0);
  \draw[->] (0,-3) -- (0,3);
  \draw[very thick, blue] (-2,-2) -- (-2,2)
    -- (2,2) -- (2,-2) -- cycle;
\end{tikzpicture}
\end{document}
```

これをコンパイルすると、次の図が得られる（図 2.3）。

\draw コマンドを使って直線を引いた。直線以外はどうだろうか。TikZ では、半径を丸括弧にくくり引数として `circle(1)` のように円を描ける。`--` の直線を円に替え、不必要な `cycle` を取り除くと次のようなコマンドになる。

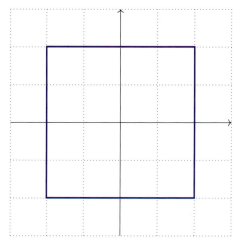

● 図 2.3　デカルト座標での正方形

```
\draw[very thick, blue] (-2,-2) circle (1) (-2,2)
  circle (1) (2,2) circle (1) (2,-2) circle (1);
```

コンパイルすると次の PDF ができる（図 2.4）。

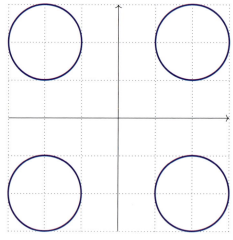

● 図 2.4　デカルト座標での円

　この例では \draw コマンドの使い方、一連の座標と描画要素の与え方を示した。見てわかるように、1 つの \draw コマンドで複数の要素を描くことができる。

　デカルト座標では正方形を描くのは簡単だ。しかし、五角形はどうだろうか。あるいは六角形はどうか。頂点の座標を計算するのは難しそうだ。この場合には、角度と距離に基づく座標がより適している。それを次に見よう。

2.3.2　極座標

　前と同じ平面を考えよう。今度は、点の位置を原点からの距離と x 軸との角度で定義する。これも図で説明したほうが簡単だろう（図 2.5）。

　極座標の点 (60 : 2) は、原点からの距離が 2 で x 軸との角が 60 度を意味する。TikZ では、極座標の構文にコロンを使って、デカルト座標と区別する。構文は (angle:distance) だ。よって、(20 : 2) も同じく原点 (0 : 0) からの距離が 2 で、x 軸との角が 20 度、(180 : 3) は距離が 3 で角度が 180 度だ。

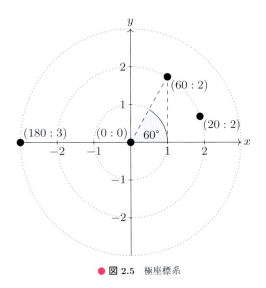

● 図 2.5 極座標系

これで、六角形の点を定義するのが簡単になった。60 度ずつ角度を指定して原点 $(0:0)$ からの距離を同じにすればよい。距離を 2 にして次のような描画コマンドを与える。

```
\draw[very thick, blue] (0:2) -- (60:2) -- (120:2)
    -- (180:2) --(240:2) -- (300:2) -- cycle;
```

LaTeX ドキュメントのグリッドのコードは前節のままで、コンパイルすれば次の結果になる（図 2.6）。

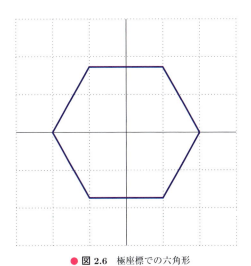

● 図 2.6 極座標での六角形

極座標は、点を原点からの距離と回転または方向で考えるときに役立つ。

ここまでは、すべて 2 次元だった。次に、次元を 1 つ増やそう。

2.3.3　3次元座標

立方体、球、あるいは 3 次元プロットを描画平面に射影できる。最も有名なのは等角投影だ。

TikZ には 3 次元座標系とそのオプションがある。使い方を簡単に示す。

● 3 次元ベクトルの射影となる x,y,z 座標を指定する。

```
\begin{tikzpicture}[y={(-0.86cm,0.5cm)},x={(0.86cm,0.5cm)},
  z={(0cm,1cm)},font=\sffamily}
```

- 3つの座標を使う。z 座標を 0 にして、図 2.3 と同じ正方形を描く。まだ xy 平面のままだ。

```
\draw[very thick, blue] (-2,-2,0) -- (-2,2,0)
  -- (2,2,0) -- (2,-2,0) -- cycle;
```

より見やすいように、図 2.3 と同じように座標軸を描く。さらに、半径 2 の円を描く。説明したコード部分を太字にしたコード例の全体は次のようになる [*2)]。

```
\documentclass[tikz,border=10pt]{standalone}
\begin{document}
\sffamily
\begin{tikzpicture}[x={(0.86cm,0.5cm)},
  y={(-0.86cm,0.5cm)}, z={(0cm,1cm)},font=\sffamily]
  \draw[very thick, blue] (-2,-2,0) -- (-2,2,0)
    -- (2,2,0) -- (2,-2,0) -- cycle;
  \draw[->] (0,0,0) -- (2.5, 0, 0) node [right] {x};
  \draw[->] (0,0,0) -- (0, 2.5, 0) node [left] {y};
  \draw[->,dashed] (0,0,0) -- (0, 0, 2.5) node [above] {z};
  \draw circle (2);
\end{tikzpicture}
\end{document}
```

これは、軸と円とで 3D 等角射影だとわかる図になる（図 2.7）。

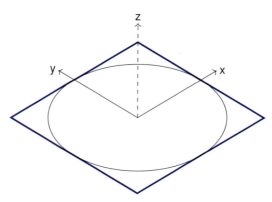

● 図 2.7　3 次元での正方形と円

後の章では 3 次元描画の追加ライブラリとパッケージを扱う。

これまでは、原点と座標軸からなる絶対座標を使ってきた。別の点に関して距離や角度を記述するのはどうだろうか。それを次に扱う。

2.3.4　相対座標を使う

\draw に一連の座標を与える場合、+ 記号で先頭の座標からの相対位置を示すことができる。つまり、+(4,2) が x 軸で 4、y 軸で 2 進んだ座標を示す。+ が、パスの先頭の座

[*2)]　[訳注] このコードでは、文字をサンセリフ体にするために \begin{document} の直後で \sffamily としているが、リポジトリの対応コードを見るとわかるように、tikzpicture 環境内で指定する方法もある．詳しくは 5 章で紹介する．また、本書のコードとリポジトリとは、このように異なることがよくある．

標からの相対位置を常に示すことに注意すること。

これを図 2.3 のグリッドのコードで試してみよう。

```
\draw[very thick, blue] (-3,-1) -- +(1,0)
    -- +(2,2) -- +(4,2) -- +(5,0) -- +(6,0);
```

コンパイルすると次の図が得られる（図 2.8）。

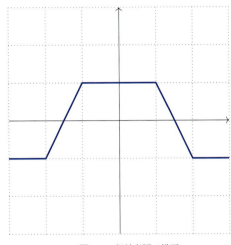

● 図 2.8　相対座標で描画

これは、そう便利ではなく、常に最初の座標を見ないといけない。幸いなことに、TikZ は別の構文を ++ で提供している。例えば、++(1,2) は、x 方向に +1、y 方向に +2 を直前の点に対して行う。これは、1 つずつ進むということだ。

同じ出力が、次の修正コードで得られる。

```
\draw[very thick, blue] (-3,-1) -- ++(1,0)
    -- ++(1,2) -- ++(2,0) -- ++(1,-2) -- ++(1,0);
```

これで図 2.8 と同じ図が得られる。このほうが、1 つの座標から次へと動きやすい。それが、この構文が一般的な理由だ。-- と ++ を一緒に使うのは混乱を招くようにも見えるが、これは直線と相対位置づけという 2 つの異なることを表している。

2.3.5　単位の使用

読者の皆さんは PDF のサイズに関して、座標 $(1, 2)$ や半径 2 が何を意味するのか気になっていたかもしれない。数学的な座標としての意味は明らかだが、文書中では、実際の幅、高さ、長さがいる。

デフォルトでは、私は 1 cm を使う。どんな LaTeX のサイズも使えるので、座標に (8mm,20pt) と書いたり、1 インチの距離で 60 度を (60:1in) と書いたりできる。

1 cm になっているデフォルトの単位長を好きなように変えることもできる。\begin{tikzpicture}[x=3cm,y=2cm] と書いたなら、$x = 1$ が 3 cm, $y = 1$ が 2 cm になる。よって、(2,2) が (6cm,4cm) という点を意味する。TikZ の画像の大きさを変えるのには、これが簡単な方法だ。例えば、図のサイズを倍にするには、x と y を 2 倍の大きさにすれば良い。

ここまで直線、円、グリッドを描く方法を学んだ。他の図形も見てみよう。

2.4　幾何図形を描く

高度な話題に取り組む前に、この基本設定で何が描けるかを簡単にまとめよう。つまり、（現在の座標で）`\draw <coordinate>` の後に何を書けるかだ。

- 直線：`-- (x,y)` 現在の座標から `(x,y)` への直線を引く。
- 四角形：`rectangle (x,y)` 片一方の隅が現在の座標で反対の隅が `(x,y)` の四角形を描く。
- グリッド：`grid (x,y)` 働きは四角形と同じだがグリッドを描く。
- 円：`circle (r)` がこれまで使ってきた短い構文だが、`circle [radius=r]` が現在の座標で半径が r の円を描く正式の構文だ。
- 楕円：`ellipse [x radius = rx, y radius = ry]` は水平半径 rx で、垂直半径 ry の楕円を描く。短縮形は `ellipse (rx and ry)` だ。
- 円弧：`arc[start angle=a, end angle=b, radius=r]` が円の一部として、現在の座標から出発して半径 r で角 a から角 b までの円弧を描く。短縮形は `arc(a:b:r)` だ。

　`arc[start angle=a, end angle=b, x radius=rx, y radius=ry]` は、楕円の一部としての弧を現在の座標から x 半径が rx、y 半径が ry で、角 a から角 b までの弧を描く。短縮構文は `arc(a:b:rx and ry)` だ。

これらのコマンドで何ができるかの例を示す。

1. 原点を中心として半径 2 の円を描く。

    `\draw (0,0) circle [radius=2];`

2. 次に水平半径 0.2、垂直半径 0.4 の楕円を描く。

    `\draw (-0.5,0.5) ellipse [x radius=0.2, y radius=0.4];`

3. 同じ楕円を `(0.5,0.5)` に描く。

    `\draw (0.5,0.5) ellipse [x radius=0.2, y radius=0.4];`

4. 次に笑っているように見える楕円弧を描く。

    `\draw (-1,-1) arc [start angle=185, end angle=355,`
    `  x radius=1, y radius=0.5];`

5. 最後に左下隅が `-3,-3` で、右上隅が `3,3` の四角形を描く。

    `\draw (-3,-3) rectangle (3,3);`

ステップ 1 から 5 までの全コマンドを `tikzpicture` 環境を使ってコンパイルすると、次の図が得られる（図 2.9）。

このコマンド例の結果はいまいちに見える。少し改良して色を付けよう。

2.5　色を使う

　図 2.3 で青線を追加したときのように、`\draw` のオプションとして色を追加できる。円、楕円、四角形を見ると、図形の縁に色を使えるが、内部の領域にも色が使える。`fill` オプションで、後者の色を追加できる。

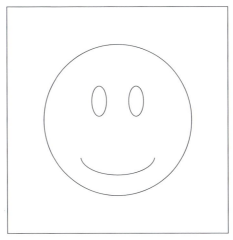

● 図 2.9　四角形の中にスマイリー

例を見たほうが簡単だ。青い円の中を黄色にする。それには、次のように書く。

```
\draw[blue,fill=yellow] (0,0) circle [radius=2];
```

図 2.9 に色を塗ろう。円には `fill=yellow`、楕円には `fill=black`、楕円弧には `very thick` を使い、線を太くする。また、四角形を省く。ドキュメントの完全なコードは次のとおりで、変更部分が太字になっている。

```
\documentclass[tikz,border=10pt]{standalone}
\begin{document}
\begin{tikzpicture}
  \draw[fill=yellow] (0,0) circle [radius=2];
  \draw[fill=black] (-0.5,0.5,0)
    ellipse [x radius=0.2, y radius=0.4];
  \draw[fill=black] (0.5,0.5,0)
    ellipse [x radius=0.2, y radius=0.4];
  \draw[very thick] (-1,-1) arc [start angle=185,
    end angle=355, x radius=1, y radius=0.5];
\end{tikzpicture}
\end{document}
```

これをコンパイルすると次のようになる（図 2.10）。

● 図 2.10　色のついたスマイリー

TikZ にはシェーディングという別の塗り方がある。一様に塗る代わりに、シェーディングでは色の間でなめらかに変化をつける。スマイリーに対して、すでに定義されてい

2.5　色を使う　　17

る 3 次元効果の `ball` シェーディングを選んだ。スマイリーの顔に `shading=ball` と `ball color=yellow` というオプションを、目に `ball color=black` を設定した。コードは次のようになる。

```
\draw[shading=ball,ball color=yellow] (0,0)
  circle [radius=2];
\draw[shading=ball,ball color=black] (-0.5,0.5,0)
  ellipse [x radius=0.2, y radius=0.4];
\draw[shading=ball,ball color=black] (0.5,0.5,0)
  ellipse [x radius=0.2, y radius=0.4];
\draw[very thick] (-1,-1) arc [start angle=185,
  end angle=355, x radius=1, y radius=0.5];
```

この描画コマンドで凝ったスマイリーができた（図 2.11）。

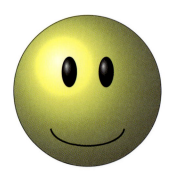

● 図 2.11　3 次元効果のスマイリー

7 章では、色の選択や混合、色で領域を塗りつぶす様々な方法についてさらに学ぶ。

2.6　まとめ

本章では基本的な TikZ 構文を使い、様々な座標で描画する方法を学んだ。直線、四角形、グリッド、楕円、円弧の描き方や、色の付け方を学んだ。

テキストと図形を組み合わせる整列オプションは、重要で価値がある。これは次章で扱うノードという概念だ。

2.7　さらに学ぶために

TikZ マニュアルの *Part I, Tutorials and Guidelines* には優れたチュートリアルが含まれている。PDF 版は `https://texdoc.org/pkg/tikz` に、HTML 版は `https://tikz.dev/tutorials-guidelines` にある。

座標および座標系の詳しい説明は、*Part III, Section 13, Specifying Coordinates* にあり、オンラインでは `https://tikz.dev/tikz-coordinates` から読める。

本章で描き方を学んだ幾何図形について、TikZ マニュアルでは**パス演算**（path operations）と呼んでいる。*Part III, Section 14, Syntax for Path Specifications* が該当箇所だ。オンラインでは `https://tikz.dev/tikz-paths` になる。

第3章

ノードの位置決めと描画

TikZ のテキスト要素はノードと呼ばれる。これは、図面中でテキストを配置、整列するなどの制御に優れ、描画要素と自由に組み合わせられる。

本章では、テキストを含む様々な図形でノードの位置決めと描き方を学ぶ。

次のような内容を扱う。

- ノードの理解
- シェイプとアンカーの使い方
- ノードの位置決めと整列
- ラベルとピンの追加
- ノード内およびノード周囲の間隔あけ
- ノードに画像を配置

本章を終えると、テキストを含んだ画像を描けるようになる。

3.1 技術要件

自分のコンピュータに LaTeX があるか、Overleaf や原書ウェブサイトのようなオンラインコンパイラが必要だ。本章のコードは https://tikz.jp/chapter-03 にある。

コードは https://github.com/PacktPublishing/LaTeX-graphics-with-TikZ/tree/main/03-drawing-and-positioning-nodes の GitHub にもある。

\begin{tikzpicture} や \end{tikzpicture} のようなコマンドを繰り返して紙幅を無駄遣いしないように、本書ではコードの一部だけを表示することがある。すべてのコードが TikZ.org/TikZ.jp と GitHub にある。これらのコード例で練習するとよい。

本章では、TikZ の shapes と positioning ライブラリおよび tikzpeople と enumitem パッケージを使う。

3.2 ノードの理解

TikZ では、シェイプを備えたテキストをノードという。デフォルトではノードのシェイプは四角形だが、円、楕円、多角形、星、雲など多数の中からシェイプを選ぶことができる。四角形と円以外のシェイプを使うには、shapes ライブラリをロードする必要がある。そこで、今後は次の行を TikZ プログラムの \usepackage{tikz} の後に加える。

```
\usetikzlibrary{shapes}
```

基本的な例から始める。次のコマンドで座標 $x = 4$、$y = 2$ に簡単なテキストを置く。

```
\draw (4,2) node {TikZ};
```

これは、位置 $(4, 2)$ に TikZ という単語を表示するだけだ。TikZ の縁取りを描きたければ、ノードに draw オプションを加える。

```
\draw (4,2) node[draw] {TikZ};
```

縁取りの色を指定したり、図形に色を塗ったり、テキストの色を選ぶこともできる。

```
\draw (4,2) node[draw, color=red, fill=yellow, text=blue]
    {TikZ};
```

簡単なテキストが、次のようなものになった（図 3.1）。

TikZ

● 図 3.1　色のついたノード

構文には次のような規則があることに注意する。

- ノードには波括弧でくくったテキストが必要だ。
- 座標は丸括弧でくくる。
- デザインオプションは、角括弧でくくる。

ノードは頻繁に使用するので、描画用に \node コマンドがある。
次のコマンドを考えよう。

```
\draw (4,2) node [draw] {TikZ};
```

これは、次のように書ける。

```
\node [draw] at (4,2) {TikZ};
```

ノードに名前をつけることもできる。それには丸括弧でくくる。四角形のノード (r)、円のノード (c)、楕円のノード (e) という 3 ノードを作ろう。

```
\node (r) at (0,1)   [draw, rectangle] {rectangle};
\node (c) at (1.5,0) [draw, circle]    {circle};
\node (e) at (3,1)   [draw, ellipse]   {ellipse};
```

これで次の図ができる（図 3.2）。

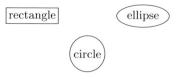

● 図 3.2　様々なシェイプのノード

この後の描画に名前を使える。例えば、ノード間で矢印を、north、south、east、west などの方位で位置を指定して描くことができる。

```
\draw[->] (r.east)  -- (e.west);
\draw[->] (r.south) -- (c.north west);
\draw[->] (e.south) -- (c.north east);
```

次の図のように 3 つの矢印ができる（図 3.3）。
　ここで方位を使って指定したような位置は、一般にアンカーと呼ばれるものだ。名前の由来は、ノードの位置を錨のように定めるからだ。図で見るのがわかりやすい。(4,2) に

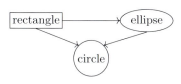

● 図 3.3　矢印のあるノード

赤丸を描いて、そこに四角形ノードを追加しよう。

```
\draw[fill=red] (4,2) circle[radius=0.1];
\node at (4,2) [draw, rectangle] {rectangle};
```

次のような出力が得られる（図 3.4）。

● 図 3.4　デフォルトのアンカー

四角のノードの中心が座標 (4, 2) にあることがわかる。(4, 2) の位置を南西（左下）隅にしたければ、この隅をノードのアンカーとして定義できる。

```
\node at (4,2) [draw, rectangle, anchor=south west]
  {rectangle};
```

赤丸と一緒に表示すれば次のようになる（図 3.5）。

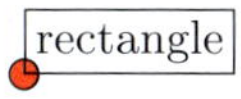

● 図 3.5　南西隅のアンカー

アンカーは、ノードの位置決めやノード間での描画に使われる。アンカーは座標としても使える。これが、ノード名やアンカーが座標と同じように丸括弧でくくられる理由である。ノードシェイプのアンカーは非常に役立つので、次で詳しく学ぶ。

3.3　シェイプとアンカーの使い方

四角形や円というノードシェイプはデフォルトで使えるが、ほかは前節で述べたように `shapes` ライブラリをロードする必要がある。

それらにどのようなものがあるかをここで紹介する。

3.3.1　四　角　形

`rectangle` ノードには次の図 3.6 に示すように全方位にアンカーがある。このノード名は (n) だ。

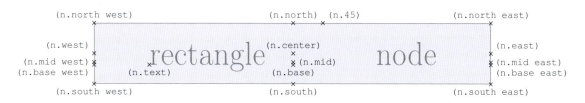

● 図 3.6　rectangleのノードシェイプとアンカー

次のようなアンカーがある。

- `center`：ノードの中央。デフォルトのアンカー。
- `base`：ノードのテキストの基線（ベースライン）で、水平方向の中央。これは、テキストノードを垂直方向に整列するのに役立つ。`base west` と `base east` は、東西の端で、ベースラインの高さのところにある。
- `text`：ベースライン上でテキストの左端。
- `mid`：小文字 x の半分の高さで水平方向の中央の位置。これも様々な高さや下方向のあるテキストのノードを整列するのに役立つ。`mid east` と `mid west` は、`mid` の高さで東側と西側のアンカーだ。
- `(n.45)`：これは `center` から 45 度の角度で四角形の辺にあるアンカーだ。反時計回りに任意の角度を指定できる。負でも構わない。例えば、`(n.90)` は `north` と、`(n.180)` は `west` と同じアンカーだ。

角度のアンカーは、標準アンカーがうまくいかないときに作業するのに役立つ。

3.3.2 円と楕円

`circle` にも `rectangle` と同じアンカーがあるが、円というシェイプに合わせている（図 3.7）。

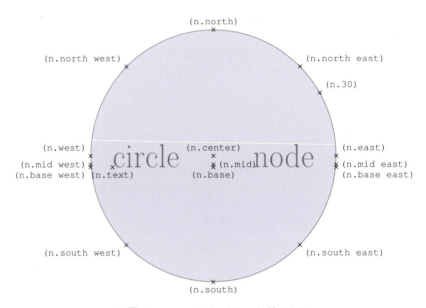

● 図 3.7　circle のノードシェイプとアンカー

角度アンカーは、`(n.30)` のようにより自然に見える。

`ellipse` シェイプも全く同じだ。

3.3.3 座標

描画では、座標を使う。例えば、線や矢印の始点、他のノードの位置決めの参照点などだ。数値ではなく名前で参照できるように名付けることができる。

例えば、次は、(2,0) を `begin`、(4,2) を `end` と名付ける。

```
\coordinate (begin) at (2,0);
\coordinate (end)   at (4,2);
```

今後は、次のように、例えば線を引くときに座標を名前で参照する。

```
\draw (begin) -- (end);
```

座標に名前をつけると、複雑な描画コードが読みやすくなり、描画コマンドの意味を数値と分離できる。

厳密には、名前のついた座標はノードだ。座標の begin は、次のように定義できる。

```
\node[shape=coordinate] (begin) at (2,0) {};
```

これは前と同じ効果になる。つまり、座標は空テキストのノードであり、座標という形状は幅が 0、高さ 0 だ。デフォルトの四角形ノードと同じアンカー名をもつが、当然ながら、全アンカーが同じで、アンカーを指定する必要がない。

ここでの活用例は、数値に名前をつけ、描画の構造化に役立つ。シェイプ、寸法、テキストを備えたノードとは対照的に、このような名前付き座標は幾何学的な点と考えることができる。

3.3.4 他のシェイプ

ほかにも多数のカスタマイズ可能なシェイプがある。章末の 3.9 節を参照するとよい。

次に示すのは、一部のシェイプとその名前だ（図 3.8）。

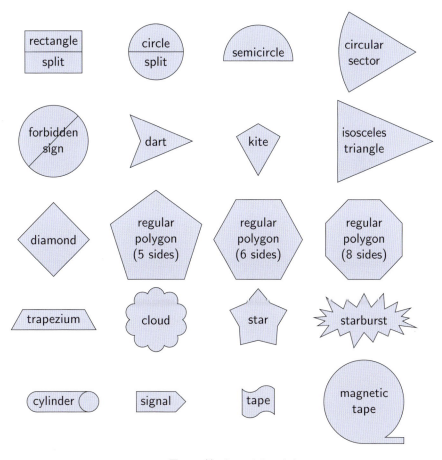

● 図 3.8 様々なノードシェイプ

多くのシェイプには、例えば、cloud ではふくらみの、rectangle split では分割の個数、アスペクト比、角度、標準オプションの色、塗りつぶし、回転、線幅など多くのオプショ

ンがある。

　マニュアルから必要なシェイプを探すのは、——デザインオプション、色の選択、微調整などはあるが——ノードとアンカーがわかったらそれほど面倒な作業でもないだろう。

　TikZ でノードシェイプを整えるルーチン作業を理解するために、シェイプで作業してみよう。ライブラリ以外にも、TikZ を使い作られたパッケージが多数ある。その中に、人間のシェイプを提供する `tikzpeople` パッケージがある。これは、元はグループ間の暗号プロトコルの使い方を説明するためのものだった。次のようにロードする。

```
\usepackage{tikzpeople}
```

`https://texdoc.org/pkg/tikzpeople` で付属ドキュメントを読める。`graduate` シェイプがあり、`monitor` オプションがあるとわかる。残りの作業は、通常の `\begin{tikzpicture}...\end{tikzpicture}` 環境で行う。モニタの前にいる学生（`student`）を描画してみよう。

```
\node (student) [graduate, monitor, minimum size=2cm] {};
```

　そして、図 3.8 の `starburst` シェイプを試してみよう。TikZ マニュアルでは、*Part V: Libraries, 71: Shape Library, 71.4 Symbol Shapes* から図中のエラーメッセージを描画するためのシェイプを探すことができる。例えば、`inner sep` がノードのテキストとノードの縁取りとの間のスペースを与える。これについては、次の 3.4 節でもまたお目にかかる。

　`starburst` ノードを `student` ノードの 45 度の位置に置く。

```
\node at (student.45) [starburst, draw=red, fill=yellow,
    starburst point height=0.4cm, line width=1pt,
    font=\ttfamily\scriptsize, inner sep=1.5pt] {error};
```

　次に、図 3.8 の `cloud` シェイプを使って、学生の考えを吹き出しで表現する `cloud callout` シェイプを作ろう。TikZ マニュアルの同じ章で *Callout Shapes* を読むとカスタマイズオプションが載っている。アスペクト比が 3 で、`ball` シェーディングのようなうまく見えるオプションを選ぶ。具体的には、吹き出しノードのアンカーを最小のバブルの `pointer` にする。そして、ノードのポインタアンカーを `student` の 130 度の位置にする。

```
\node at (student.130) [cloud callout, cloud puffs=13,
    aspect=3, anchor=pointer, shading=ball,
    ball color=darkgray, text=white, font=\bfseries]
    {My thesis...!};
```

　このドキュメントをコンパイルすると 3 ノードが次のように出力される（図 3.9）。

　このシェイプやノードのオプションをすべて覚える必要はない。TikZ マニュアルをリファレンスとして読み、オプションを適用できるようになることが重要である。

　`https://tikz.net/tag/shapes` には、シェイプを使った TikZ のサンプルがある。

　デフォルトのノードの距離と間隔が極めて良好なことがわかった。それでも、カスタマイズしたいことがある。それが次のテーマだ。

3.4　ノード内およびノード周囲の間隔あけ

　四角形ノードの縁取りが、テキストのまわりにピッタリと沿っていることを見た。円ノー

● 図 3.9　ノードのシェイプと位置決め

ドで縁取りがどうなるかを理解するには、まずテキストの四角形ノードを想像する。そして、四角形に接する円ノードを考えるとよい。

ノードのオプション `inner sep` を設定して、ノードのテキストと縁取りとの距離を増減できる。アンカーが遠ざかるように間隔をあけたければ、`outer sep` というオプションを設定できる。これらは、次のように書ける。

```
\node[draw,rectangle,inner sep=1cm,outer sep=1cm] {n};
```

図を見るのがわかりやすいだろう（図 3.10）。n ノードの隣にデフォルトの間隔の m ノードを置く。

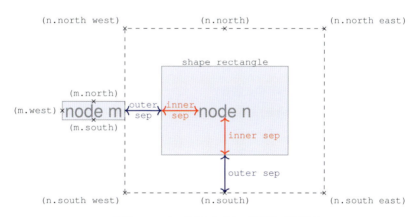

● 図 3.10　ノード内およびノード周囲の間隔あけ

水平方向（x）と垂直方向（y）とで距離を変えることもできる。`xsep` と `ysep` という。例えば `1cm` と `0.5cm` にすると、コードは次のように変わる。

```
\node[draw,rectangle, inner xsep=1cm,inner ysep=0.5cm,
    outer xsep=1cm,outer ysep=0.5cm] {n};
```

図 3.11 では、距離がどう変わったかわかる。水平方向の間隔が垂直方向より大きい。

円ノードでも同じように間隔を開けられる（図 3.12）。ただし、円の縁取りが実際には四角形ノードに基づいていたことを思い出そう。`inner sep` の値は四角形との間隔を決める。

次に、ノードの位置決めをより詳しく見ていこう。

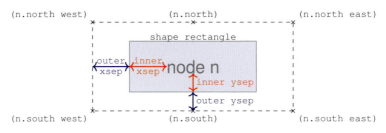

● 図 3.11　水平方向と垂直方向とで間隔を変える

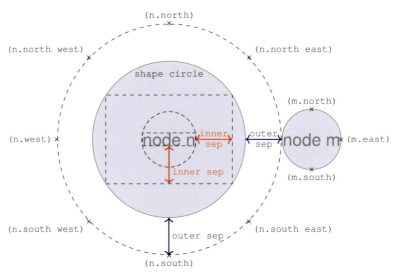

● 図 3.12　円ノードの内部およびノード周囲の間隔あけ

3.5　ノードの位置決めと整列

　ノードを座標でどう位置決めし、アンカーをどう使うかはすでに学んだ。オプションについてさらに学ぶことにしよう。

3.5.1　アンカーを使った相対的位置決め

　最初は、アンカーに基づいた位置決めは直感にそぐわないと感じるだろう。ノードをあるオブジェクトの上（北側）に置くときは south アンカーを使う。

```
\draw circle [fill, radius=2pt] node [anchor=south] {text};
```

このコマンドの出力は次の図のようになる（図 3.13）。

text

● 図 3.13　円の上のノード

　直感に沿った位置決めのために、TikZ は別のコマンドも用意している。同じことを次のように書ける。

```
\draw circle [fill, radius=2pt] node [above] {text};
```

これは図 3.13 と同じで、より自然に感じられる。

この線で、次のような相対位置決めオプションがある。

● above：anchor=south と同じ

26　　3. ノードの位置決めと描画

- `below`：`anchor=north` と同じ
- `left`：`anchor=east` と同じ
- `right`：`anchor=west` と同じ
- `above left`：`anchor=south east` と同じ
- `above right`：`anchor=south west` と同じ
- `below left`：`anchor=north east` と同じ
- `below right`：`anchor=north west` と同じ
- `base left`：`anchor=base east` と同じ
- `base right`：`anchor=base west` と同じ

これらはノード間の相対的位置決めにも使える。そのためには、`positioning` ライブラリを使う。プリアンブルに次の行を追加しなければならない。

```
\usetikzlibrary{positioning}
```

次のようにして、TikZ というノードを描く。

```
\node [draw] (TikZ) {TikZ};
```

その 0.1 cm 右に別のノードを次のようにして描く。

```
\node [draw, right = 0.1cm of TikZ] {PDF};
```

出力は次の図のようになる（図 3.14）。

$\boxed{\text{TikZ}}\,\boxed{\text{PDF}}$

● 図 3.14　別のノードの右にあるノード

上下方向も同様にできる。上下と左右のオフセットが別々に指定できることに注意しておこう。それには、`and` キーワードを次のように使う。

```
\node [draw, above right = -0.25cm and 0.1cm of TikZ]
  {PDF};
```

これは `PDF` ノードを右に置くが、上下方向に −0.25 cm 動かしている（図 3.15）。

$\boxed{\text{TikZ}}\,\boxed{\text{PDF}}$

● 図 3.15　別のノードの右上にあるノード

これで、座標でそんなに頭を悩ませずにノードを簡単に並べることができる。

3.5.2　直線に沿ってノードを配置する

1つの `\draw` または `\path` コマンドで、複数のノードを 2 つの座標間で線に沿って配置できる。元来の目的は、テキストを線の上または下に、前節のオプションで配置することだったが、ノードを線上の始点、終点、中点に配置するのにも役立つ。

座標 $(0,0)$ から $(4,0)$ への直線を考えよう。

```
\draw (0,0) -- (4,0);
```

`node[pos=value]` で直線上にノードの位置を指定できる。value は 0 と 1 の間で、0 が始点、1 が終点で、その間の値はその値に応じた位置になる。よって、`pos=0.5` は線の

中央を意味する。

図で見てみよう。次のコードを使う。

```
\draw (0,0) --
  node [above,    pos=0]    {0}
  node [above,    pos=0.5]  {0.5}
  node [above,    pos=1]    {1}
  node [below, pos=0.25] {0.25}
  node [below, pos=0.75] {0.75}
  (4,0);
```

これは、次のようになる（図 3.16）。

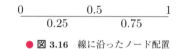

● 図 3.16　線に沿ったノード配置

位置によっては次のように前もって名前が定義されている。

- `at start`：pos=0 に同じ。node[at start] {...} は、線の始点にノードを置く。
- `very near start`：pos=0.125 と同じで始点に非常に近い。
- `near start`：pos=0.25 と同じで始点に近い。
- `midway`：pos=0.5 と同じで線の中央。
- `near end`：pos=0.75 と同じで終点に近い。
- `very near end`：pos=0.875 と同じで終点に非常に近い。
- `at end`：pos=1 と同じで線の終点。

これらの配置は、傾いていたり曲がっていたりした線でも働く。

3.5.3　テキストのベースラインに沿ったノードの配置

図 3.14 では、運良くノードのテキストが同じサイズだった。しかし、いつもそうとは限らないので、ノードのテキストが、大文字、小文字、下に伸びるデセンダ付きの文字など高さが異なる場合に備えよう。

Epic. という文字列を 5 つのノードを隣り合わせて作ろう。各ノードに 1 文字だ。`inner sep` を 0pt にしてくっつける。

素直なコードは次のようになる。

```
\begin{tikzpicture}[every node/.style = {inner sep=0pt}]
  \node (E) {E};
  \node (p) [right = 0pt of E] {p};
  \node (i) [right = 0pt of p] {i};
  \node (c) [right = 0pt of i] {c};
  \node (.) [right = 0pt of c] {.};
\end{tikzpicture}
```

Epic. ができると期待してコンパイルすると、次のようになる（図 3.17）。

EPic.

● 図 3.17　Epic の配置間違い

失敗だ。修正しよう。3.5.1 項でちらっと述べた `base` オプションを整列に使う。`right`

を base right に変える。

```
\node (E) {E};
\node (p) [base right = 0pt of E] {p};
\node (i) [base right = 0pt of p] {i};
\node (c) [base right = 0pt of i] {c};
\node (.) [base right = 0pt of c] {.};
```

再コンパイルすると、次の出力が得られる（図 3.18）。

Epic.

● 図 3.18　Epic のベースライン整列

これが欲しかった。この例は、ベースライン整列の重要性を示すものだ。

3.5.4　テキストのベースラインに沿ってすべての図を並べる

ノードの base アンカーは、周囲のテキストと TikZ の図を並べるときにも使う。TikZ の小さな図をテキスト段落の中で使う場合やテキストのある TikZ の図を並べる場合に役立つ。

簡単な例を取り上げる。最初のテーマのラベルに①を使う。

```
\begin{tikzpicture}
  \node[circle, draw, inner sep=2pt] (label) {1};
\end{tikzpicture}
This is the first topic.
```

このままだと、次の出力になる（図 3.19）。

① This is the first topic.

● 図 3.19　デフォルトの図の整列

画像ノードだと、底面で揃えてもよいのだが、テキストノードではうまくいかない。この場合には、テキストノードの整列用アンカー、label.base を使うべきだ。図全体のベースラインとするために次のようにする。

```
\begin{tikzpicture}[baseline=(label.base)]
```

こう変えると、出力はきれいに並ぶ（図 3.20）。

① This is the first topic.

● 図 3.20　TikZ 図のベースライン整列

短縮構文を覚えておこう。\begin{tikzpicture}...\end{tikzpicture} 環境の代わりに \tikz コマンドが使える。短い TikZ 図定義には、これが便利だ。図 3.20 に対するコードが次のようになる。

```
\tikz[baseline=(label.base)]{\node[circle, draw,
  inner sep=2pt] (label) {1};};
```

LaTeX ユーザとしては、丸囲み数字にコマンドを定義するのが自然だ。ちょっとした練習問題をこなすことにしよう。オンラインの https://tex.stackexchange.com/a/7045 で書いたものと似ている。\DeclareRobustCommand を使ってキャプション、ラ

ベル、ヘッダなどでマクロが壊れないようにする。簡潔に言えば、LaTeX ユーザがロバストと称するものだ。構文は `\newcommand` と同じだ。丸囲み数字は引数を 1 つとる。先程の TikZ コマンドのマクロ定義は次のようになる。

```
\DeclareRobustCommand{\circled}[1]{%
  \tikz[baseline=(label.base)]{\node[circle, draw,
    inner sep=2pt] (label) {#1};}}
```

コマンドを定義したので、図 3.20 は、次の 1 行で簡単に作れる。

```
\circled{1} This is the first topic.
```

これははるかに扱いやすい。`\circled{2}`, `\circled{3}` というように続けられる。さらに、LaTeX の enumerate 環境で使うことによって、LaTeX 環境と TikZ のマクロがどのように統合できるかを示すことができる。

enumerate 環境をカスタマイズするために、enumitem パッケージをロードする。

```
\usepackage{enumitem}
```

前のコマンド定義に、色をつけてちょっとファンシーにする。

```
\DeclareRobustCommand{\circled}[1]{%
  \tikz[baseline=(label.base)]{\node[circle,
    white, shading=ball, inner sep=2pt] (label) {#1};}}
```

ラベルがアラビア数字の丸囲みだと宣言した enumerate 環境を作る。

```
\begin{enumerate}[label=\circled{\arabic*}]
  \item First item
  \item Second item
  \item Third item
  \item Fourth item
\end{enumerate}
```

これをコンパイルすると、箇条書きの番号が TikZ 画像でファンシーになる（図 3.21）。

●図 3.21　ファンシーな TikZ 数字の enumerate 環境

`ball` のデフォルトの色が青であることに注意してほしい。7 章でシェーディングや色について扱う。

ノードの位置決めと整列についてはたくさん学んだので、ラベルを使ってノードを並べる簡単なやり方も学ぶことにしよう。それが次のテーマだ。

3.6　ラベルとピンの追加

次のような簡単な構文でノードにラベルをつけられる。

```
\node[label=direction:text] at (coordinate) {text};
```

`coordinate` の値を与えないと、ノードはパスの現在位置になり、パスはデフォルトで

原点 (0,0) から始まる。これがわかっているので、この後の例では `coordinate` 値を省略する。つまり、ノードは (0,0) にある。

図を見るのがわかりやすいだろう。ラベルがついた球のノードを、どのラベルも半分に縮小して表示する。

この例では、まず `style` 構文が便利なのでざっと見よう。これまで、ノードなどの要素のオプションとしては `key=value` を設定してきた。`tikzpicture` 環境のオプション 1 つで、描画の全要素に対してオプションを繰り返すことを省ける。

```
\begin{tikzpicture}[every node/.style={key=value}]
```

5 章で論じるが、`style` の前のドットは構文の一部だ。ラベルにこのスタイルを適用する。

```
\begin{tikzpicture}[every label/.style = {scale=0.5}]
  \node[
    label = above:Graphics,
    label = left:Design,
    label = below:Typography,
    label = right:Coding,
    circle, shading=ball, ball color=blue!60,
      text=white] {TikZ};
\end{tikzpicture}
```

これは次のような図になる（図 3.22）。

● 図 3.22　ラベルのあるノード

位置は角度でもよいので、`label = {90:Graphics}` は `label = {above: Graphics}` と同じ効果になる。

`label` を `pin` に置き換えれば、元のノードと線でつながったラベルができる。

```
\begin{tikzpicture}[every pin/.style = {scale=0.5}]
  \node[
    pin = above:Graphics,
    pin = left:Design,
    pin = below:Typography,
    pin = right:Coding,
    circle, shading=ball, ball color=blue!60,
      text=white] {TikZ};
\end{tikzpicture}
```

`pin` により出力は次のようになる（図 3.23）。

● 図 3.23　ピン留めラベルのノード

注記付きのノードとしてはよい出来だ。

ノードのコンテンツはテキストだけとは限らない。画像も挿入できる。次節ではそれを扱う。

3.7　ノードに画像を配置

Visio や PowerPoint のファンシーな図はよく知られている。それらでは、アイコンやステンシルと呼ばれるファンシーなノードシェイプが多数ある。

Ti*k*Z も様々なシェイプのライブラリがあってカスタマイズできる。どのような画像でもシェイプと組み合わせてノードとして使える。

私はネットワークエンジニアとして働き、作業の一環として複雑なネットワーク図を作っている。そこで、私のやり方を述べることにしよう。

Cisco や HP のような有名なハードウェア業者は、Visio、PowerPoint、Inkscape など描画プログラム用にアイコンとステンシルのライブラリを提供している[*1]。同じものを Ti*k*Z でも使える。そこで、`https://www.cisco.com/c/en/us/about/brand-center/network-topology-icons.html` のようなベンダーのダウンロードページに行こう。Visio 用の `.vss`、PowerPoint 用の `.pptx`、一般用の `.jpg`、**Encapsulated PostScript 形式（EPS）**用の `.eps` といった様々なフォーマットの画像コレクションがある。

ここでの最良の選択肢は EPS だ。JPG ファイルと異なり EPS はスケーラブルだからだ。つまり、品質を損なわずに拡大縮小できる。LaTeX は EPS をサポートしている。ただし、pdfLaTeX で簡単に PDF を作りたい場合は、同じくスケーラブルな PDF 形式に変換するのがよい。

`epstopdf` ツールで EPS 画像を同じサイズの PDF ファイルに変換できる。ベンダーのコレクションからルータとスイッチの画像を選ぶ[*2]。コマンドラインで `epstopdf router.eps`（コマンドライン実行ディレクトリにファイルがないともちろんダメなことに注意）とすれば、`router.eps` というファイルから `router.pdf` ができる。同じように `switch.pdf` ファイルもできる。Ti*k*Z でデフォルトでロードされている `graphicx` パッケージのコマンドでこれらを使うことができる。

次の行は `router` ノードをサイズを 2 cm、`inner sep` を 0 にして不必要に間隔を開けないようにしている。

```
\node (router) [inner sep=0pt]
  {\includegraphics[width=2cm]{router.pdf}};
```

これにより、`switch` ノードが `router` ノードのすぐ右にくる。

```
\node (switch) [inner sep=0pt, right = of router]
  {\includegraphics[width=2cm]{switch.pdf}};
```

最初のネットワーク作業図として、二重線でルータとスイッチのケーブルを示す。

```
\draw[double] (router) -- (switch);
```

この 3 つの Ti*k*Z コマンドで、ネットワーク図としてはかなりよいスタートが切れた（図 3.24）。

[*1]　［訳注］日本では YAMAHA やさくらインターネットなど。

[*2]　［訳注］Cisco の Icons for printed collateral, Visio, video, and multimedia の中から router と workgroup switch を選んだらしい。

● 図 3.24　ノードの画像

　ノードのシェイプは指定しなかったので、デフォルトの四角形が使われている。この場合にはちょうど合っている。他の線やラベルについても通常の `rectangle` アンカーを使う。画像によってはもちろん楕円や円など他のシェイプを使える。

　技術関係の図では、多数のラベルが必要で、テキストノードになる。ここでは次を使う。

- 線上の `TenGig` ラベルは、10 ギガビット接続を示す。
- 始点の下の `1` ラベルは、ルータのポート `1` を示す。
- 終点の下の `24` ラベルは、スイッチのポート `24` を示す。

次の行は前のコマンドの続きで線に対してノードを追加する。

```
\draw[double] (router) --
   node [above, font=\scriptsize] {TenGig}
   node [font=\tiny, inner xsep=0pt,
     below right, at start] {1}
   node [font=\tiny, inner xsep=0pt,
     below left, at end] {24}
   (switch);
```

コンパイルすれば、接続線の上下にテキストラベルが表示される（図 3.25）。

● 図 3.25　接続とラベルのあるノードの画像

　これはそんなに難しくはなかった。外部の画像を使い、数コマンドで簡単に描けた。記号ノード、ラベル、様々な種類の接続などを多数使う場合には、フォントサイズ、`inner xsep`、ファイル名と `\includegraphics` などをずっと繰り返す必要はない。ノードの型に応じてスタイルを定義できる。5 章で、それについて学ぶ。

3.8　まとめ

　TikZ でのノードという概念について学んだ。ノードを使うことで、描画にテキストを追加するときに、位置決めや配列を完全に制御できる。さらに、テキストのまわりのシェイプをどうするか、外部の画像を TikZ のノード内でどう使うかも学んだ。

　ノードは、TikZ 図式と描画の構成要素だ。本章をマスターしたことは、将来への重要なステップだ。

　次章では、ノードを辺や矢印でどう接続するかを学ぶ。

3.9　さらに学ぶために

　TikZ マニュアルでは、*Part III, Section 17, Nodes and Edges* でノードを説明する。マニュアルはコマンドラインで `texdoc tikz` と入力して開ける。PDF 版は `https://`

texdoc.org/pkg/tikz にある。本章のオンライン HTML 版は https://tikz.dev/tikz-shapes で読める。

　さらに、TikZ マニュアルにはシェイプの完全なリファレンスが *Part V, Section 71, Shape Library* に、オンライン版が https://tikz.dev/library-shapes にある。すべてのシェイプで、アンカーとカスタマイズについて述べている。

　tikzpeople パッケージのドキュメントは https://texdoc.org/pkg/tikzpeople にある。

　epstopdf のウェブサイトは https://tug.org/epstopdf だ。ダウンロードやドキュメントのリンクが載っている。

第4章

辺と矢印を描く

前章では、ノードと呼ばれるテキスト付きのシェイプを作成する方法を学んだ。本章では、辺と呼ばれるテキスト付きの線の引き方を学び、図式中にテキストを配置する知識を完成させる。

辺、テキスト、矢印のカスタマイズについても論じる。

本章では次のテーマを扱う。

- 辺でノードを連結する
- 辺にテキストをつける
- 辺のオプションを詳しく調べる
- 矢印を描く
- `to` オプションの使い方

本章を終えると、テキスト、矢印、辺ラベルがある色彩豊かな図式が描ける。

4.1 技術要件

自分のコンピュータに LaTeX と TikZ があるか、Overleaf や https://tikz.jp/chapter-04 でコード例をオンラインコンパイルできる必要がある。

コードは https://github.com/PacktPublishing/LaTeX-graphics-with-TikZ/tree/main/04-drawing-edges-and-arrows の GitHub にもある。

ところどころで、説明用のコードスニペットがある。スニペットの実行に必要な完全なソースコードは、TikZ.org/TikZ.jp や GitHub から入手できる。

本章では、TikZ の `positioning`、`quote`、`arrows.meta` ライブラリおよび TikZ で自動的にロードされる `topaths` ライブラリを使う。これはわざわざロードする必要はない。

4.2 辺でノードを連結する

前章では、図 3.3 で矢印の線のある図を描いた。そのような線と矢印にテキストラベルのあるもっと複雑な図が必要なことがある。ノードを結ぶ、そのようなスマートな線を辺と呼ぶ。

まず簡単な例から始める。LaTeX の .tex ファイルから PDF を作るコンパイル過程も説明する。さらに、ノードのスタイリングに親しむため色もつける。

1. 短い LaTeX ドキュメントで始める。これは TikZ と `positioning` ライブラリをロードし、空の `tikzpicture` 環境を作る。

```
\documentclass[border=10pt]{standalone}
\usepackage{tikz}
\usetikzlibrary{positioning}
\begin{document}
```

```
\begin{tikzpicture}
\end{tikzpicture}
\end{document}
```

2. `tikzpicture` 環境で、`tex` というノードを作り、オレンジ色で塗りつぶし、白色でテキストを書く。

```
\node (tex) [fill=orange, text=white] {TEX};
```

3. `tex` ノードの右に `pdf` というノードを Adobe Acrobat Reader のロゴを思い起こさせる色で塗る。

```
\node (pdf) [fill={rgb:red,244;green,15;blue,2},
   text=white, right=of tex] {PDF};
```

4. 矢印が `tex` ノードから `pdf` ノードに向かう最初の辺を描く。

```
\draw (tex) edge[->] (pdf);
```

5. ドキュメントをコンパイルして、次の図ができる（図 4.1）。

● 図 4.1 基本的な辺で 2 つのノードを結ぶ

ステップ 1 は、本書の典型的なコードだ。ステップ 2 では、オレンジ色を選んだが、ステップ 3 では RGB 値 (244, 15, 2) を使い、PDF の提案組織である Adobe のカラーを表した。

ステップ 4 では、最初の辺を作った。典型的な構文は次のようになる。

```
(node1) edge[options] (node2)
```

これは、ここに示したように `\draw` コマンドまたは `\path` コマンドで使われる。

辺へのテキストのつけ方を調べよう。

4.3 辺にテキストをつける

図では、図中のノードのテキストのほかに接続する線や矢印上にもテキストを見かけることが多い。それは、Ti*k*Z の辺操作の基本的な機能だ。

前節の例を引き継いで、辺にテキストラベルを追加しよう。小さなタイプライタ体フォントで辺の上に置く。このラベルそのものもノードで、コードは辺のコードのすぐ右に挿入する。

```
node[font=\tiny\ttfamily, above] {pdflatex}
```

完全なコマンドは次のようになる。

```
\draw (tex) edge[->]
   node[font=\tiny\ttfamily, above] {pdflatex} (pdf);
```

コンパイルすると次の図になる（図 4.2）。

確かに、これは冗長な構文だ。幸い、Ti*k*Z はより簡単な構文、辺のラベルテキストを二重引用符で囲むという `quotes` 構文を用意している。それは基本的に `edge["text"]`

$$\text{TEX} \xrightarrow{\text{pdflatex}} \text{PDF}$$

● 図 4.2　テキストラベルのついた辺

となる。引用符テキストにスタイルオプションを追加、例えば`edge["text" red]`のようにして赤いテキストを得られるようにできる。複数のオプションは波括弧でくくる。そうしないと、Ti*k*Z はカンマの後のオプションが、引用符テキストのオプションか、辺のオプションかわからなくなるからだ。これを使うと、辺を描くコマンドが次のようになる。

```
\draw (tex)
  edge["pdflatex" {font=\ttfamily\tiny,above},->] (pdf);
```

このコマンドでも図 4.2 と同じ出力になる。

前章では `style` 構文を導入した。ここでも同じようにしよう。次のオプションを定義できる。

- 全 `node` のスタイル：テキストは白で最小幅 1.1 cm にして、ノードの文字が少なくても同じ幅にする。
- 全 `edge` のスタイル：この場合は、すべて矢印にする。
- 全 `edge quotes` のスタイル：テキストは辺の次に自動配置で、小さいタイプライタ体、黒色とする。

これらの定義を `tikzpicture` 環境のオプションとして次のように書ける。

```
\begin{tikzpicture}[
  every node/.style={text=white,minimum width=1.1cm},
  every edge/.style={draw,->},
  every edge quotes/.style={auto,font=\ttfamily\tiny,
    text=black,fill=none , inner sep=1pt }
]
```

ノードや辺がもっと増えるとこの定義で助かる。今度は 4 つのノードにする。

```
\node (tex) [fill=orange] {TEx};
\node (pdf) [fill={rgb:red,244;green,15;blue,2},
  right = of tex] {PDF};
\node (dvi) [fill=blue, above = of tex] {DVI};
\node (ps)  [fill=black!60,above = of pdf] {PS};
```

辺はないが、次の図になる（図 4.3）。

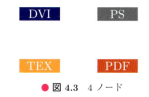

● 図 4.3　4 ノード

各ノードで `text=white` と繰り返す必要がなくなった。次に、辺を多数追加する。ノードの後に次のコマンドを追加する。

```
\draw (tex) edge["pdflatex"]  (pdf);
\draw (tex) edge["latex"]     (dvi);
\draw (dvi) edge["dvips"]     (ps);
```

4.3　辺にテキストをつける　　37

```
\draw (dvi) edge["dvipdfmx"] (pdf);
\draw (ps)  edge["ps2pdf"]   (pdf);
```

再コンパイルすると、図 4.4 の図になる。

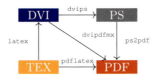

● 図 4.4　テキスト付きの多数の辺

辺のテキストにスタイルコマンドを繰り返す必要がない。汎用なスタイル定義のおかげで、辺テキストの quotes 構文が簡潔明快で読みやすくなった。

すべての辺に 1 つの \draw コマンドを使うと、開始ノードが前の辺と同じなら省略できるので、さらにすっきりする。

```
\draw (tex) edge["pdflatex"]  (pdf)
            edge["latex"]     (dvi)
      (dvi) edge["dvips"]     (ps)
            edge["dvipdfmx"]  (pdf)
      (ps)  edge["ps2pdf"]    (pdf);
```

スタイル設定で作業が減り、きれいなコードになる。さらによいことは、スタイルを修正して、すべての要素に影響できることだ。例えば、edge quotes のスタイルに sloped オプションを追加すると、辺のテキストがパスに沿って回転する。

```
every edge quotes/.style = {text=black, auto,
    font = \tiny\ttfamily, inner sep=1pt, sloped}]
```

このオプション 1 つの追加で、すべての辺テキストが辺に沿ってきれいに書かれる（図 4.5）。

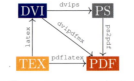

● 図 4.5　辺へのスロープテキスト

スタイルについては 5 章でさらに扱う。

auto オプションも変更できる。デフォルトはテキストを辺の左側に書くので auto=left と同じだ。auto=right として、辺の右側にすることもできる。先程の例では、次のような効果となる（図 4.6）。

● 図 4.6　auto=rightオプションのスロープテキスト

辺とノードに関しては、3.5 節での位置決めオプションが適用されることに注意する。

曲がった辺を描くこともできる。直線や曲線のオプションを次に学ぼう。

4.4　辺のオプションを詳しく調べる

すべての `edge` オプションは固有のパスを作る。それが `edge` で一般的なパスオプションをサポートする理由だ。さらに、辺には直線や曲線を定義する接続用オプションがある。そこで、辺のスタイルオプションを次のように分ける。

- 一般的な TikZ オプションを含めたパスオプション
- 接続オプション

それぞれ見ていこう。

4.4.1　パスオプション

パスは、ノードなどの要素のある直線や曲線がつながったものだ。パスのオプションはすべて、直線スタイルオプションのように辺にも使える。

これらのオプションの詳細を構文文法を示さずに例を使って明確にしよう。

- `color=red`：赤い線を描く。
- `ultra thin`、`very thin`、`thin`、`semi thick`、`very thick`、`ultra thick`：これらは辺の線の太さを定義する。
- `line width=3pt`：辺の厚さが 3 pt と指定。
- `loosely dotted`、`dotted`、`densely dotted`：点線の間隔を定義する。
- `loosely dashed`、`dashed`、`densely dashed`：破線の間隔を定義する。
- `loosely dash dot`、`dash dot`、`densely dash dot`：一点鎖線の間隔を定義する。
- `line cap=round`、`line cap=rect`、`line cap=butt`：辺の終端が丸、四角、あるいはカットされているかどうかを定義する。
- `double=yellow`：真ん中の色が黄色の二重線を引く。端の線の色は `color` オプションに従う。
- `double distance=2pt`：線の間隔が 2 pt の二重線を引く。
- `transform canvas={yshift=5pt}`：辺を y 方向に 5 pt 動かす。x 方向には `xshift` を使う。

最後の 3 つのオプションについては、次章に例がある。

4.4.2　接続オプション

一般的なパスオプションとは別に、接続の仕方を定義するオプションがある。直線よりも曲線の性質を示すものが多い。

- `out=45`：辺が始点から 45 度の角度で始まる。
- `in=90`：辺が目標座標に 90 度の角度で到着する。
- `relative=true`、`relative=false`：`true`（デフォルト）だと、入出力角度がノードを結ぶ直線を基準として線から相対角度、`false` だと絶対角度すなわち紙面の水平線に沿っての角度になる。
- `bend left=30`、`bend right=30`：辺が 30 度左または右に曲がる。例を図 5.4 に示す。
- `looseness=0.5`、`looseness=1.5`：辺の曲がり方がきつい (0.5) かゆるい (1.5)

かを指定する。デフォルトは 1 で、曲線が円のように曲がる。このオプションでそれをきつくしたりゆるくしたりする。

- `in looseness`、`out looseness`：接続の `in` と `out` で `looseness` の値を変えられる。
- `min distance`、`max distance`：計算した曲げを最小または最大距離に制限する。
- `in min distance`、`in max distance`、`out min distance`、`out max distance`：上と同じだが、`in` と `out` の方向に関して行う。
- `distance`：辺の曲がりはこの距離（固定値）まで行く。
- `loop`：辺が自分自身を接続する。座標に関係なく、`out`、`in`、`looseness` の値を選べる。

これらのオプションは、12 章で使うので、例を見ることができる。12 章では、ベジエ曲線も使う。

4.5　矢印を描く

すでに辺や線に矢印をつける方法を学んだ。右の矢印は `->` オプションを追加すればよい。しかし、デフォルトの矢印は小さくて細い。修正方法を見ていこう。

一般構文は `\draw[start tip-end tip]` または `edge[start arrow-end arrow]` だ。これまでは、矢印の終点に `>` だけがあり、始点の指定がなかった。

簡単に例示する。

- `->`：右矢印　　`<-`：左矢印
- `<->`：左右の矢印
- `->>`：二重右矢印　　`<<-`：二重左矢印
- `-Triangle`：三角形の矢印
- `-Stealth`：ステルス戦闘機型の矢印
- `-LaTeX`：黒三角矢印で側面が少し曲がる。LaTeX の `picture` 環境の `\vector` と同じ。

矢印の頭と尻で、複数の印を組み合わせられる。

矢印を使うときには、次のように常に `arrows.meta` ライブラリをロードする。

```
\usetikzlibrary{arrows.meta}
```

古い TikZ の `arrows` ライブラリは使用すべきでない。まだ存在しているので、新たなライブラリが別の名前になっており、メタフォントとの類似性を示す `meta` が追加されている。矢印のサイズを変えるときには、単にスケールを変えるだけでなく複雑なサイズ変換を施す。よって、矢印の頭は、線幅より増え方が少なくて、見栄えがよくなる。このライブラリでは、幅、高さ、シェイプ、色塗り、太さを多様な方法でカスタマイズできる。

使える矢印とそれらのカスタマイズを見ていこう。

4.5.1　数学の矢印

これらの矢印は、標準的な LaTeX 数式フォントの矢印と同じだ（図 4.7）。

Implies 矢印は、次のコードで二重線にしている。

```
\draw (node1) edge[-Implies, double] (node2);
```

to は、Computer Modern Rightarrow の短縮形だ。

$\longrightarrow$ Classical TikZ Rightarrow
$\longrightarrow$ Computer Modern Rightarrow
$\Longrightarrow$ Implies

● 図 4.7　数学の矢印

4.5.2　とげ矢印

数学の矢印と同様に、とげ矢印も古典的な矢印に似て塗りつぶしはない（図 4.8）。

$\longrightarrow$ Arc Barb
$\longrightarrow$ Bar
$\longrightarrow$ Bracket
$\longrightarrow$ Hooks
$\longrightarrow$ Parenthesis
$\longrightarrow$ Straight Barb
$\longrightarrow$ Tee Barb

● 図 4.8　とげ矢印

矢頭の大きさはカスタマイズできる。頭の種類を見るときに学ぶ。

4.5.3　幾何形状の矢印

これらの矢印の矢頭は塗りつぶした形状だ。黒以外の色も使えるし、塗りつぶさないことも可能だ（図 4.9）。

$\longrightarrow$ Circle
$\longrightarrow$ Diamond
$\longrightarrow$ Ellipse
$\longrightarrow$ Kite
$\longrightarrow$ Latex
$\longrightarrow$ Latex[round]
$\longrightarrow$ Rectangle
$\longrightarrow$ Square
$\longrightarrow$ Stealth
$\longrightarrow$ Stealth[round]
$\longrightarrow$ Triangle
$\longrightarrow$ Turned Square

● 図 4.9　幾何形状の矢印

塗りつぶさない種類は次のとおりだ（図 4.10）。

$\longrightarrow$ Circle[open]
$\longrightarrow$ Diamond[open]
$\longrightarrow$ Ellipse[open]
$\longrightarrow$ Kite[open]
$\longrightarrow$ Latex[open]
$\longrightarrow$ Rectangle[open]
$\longrightarrow$ Square[open]
$\longrightarrow$ Stealth[open]
$\longrightarrow$ Triangle[open]
$\longrightarrow$ Turned Square[open]

● 図 4.10　塗りつぶさない幾何形状の矢印

ここでも矢頭の大きさは変えられる。

4.5.4 矢頭のカスタマイズ

カスタマイズのオプションは次のとおり。

- `length`：線または辺方向の矢頭の長さを示す。
- `width`：幅（高さと考えてもよい）
- `scale`：スケーリングの係数
- `scale length` と `scale width`：長さと幅のそれぞれに関する `scale`
- `slant`：矢頭の傾斜係数
- `reversed`：逆方向の矢頭
- `harpoon`：矢頭の左側（上側）だけ描く
- `swap`：矢頭を矢印の線に沿って反転する。これは反対側に矢頭の左側があって組み合わせる場合に役立つ。
- `color`：矢頭に色をつける
- `fill`：矢頭を塗りつぶす。`color` と違う色でもよい。`fill=none` として空白にしてもよい。`open` は `fill=none` のエイリアスだ。

矢頭のオプションを辺のオプションに追加すると、入れ子の角括弧になる。これはコンパイラには悩ましいので、外側を波括弧にする。簡単な `->` 構文が `-{tipname[options]}` になる。図を見るのがわかりやすい。

図 4.1 のコードにまばゆい矢頭がある派手な辺を加えよう。辺は太い赤色、矢頭はオレンジで、赤で塗りつぶし、大きくする。幅と長さも指定する（図 4.11）。

```
\draw (tex) edge[very thick, draw=red,
  -{Stealth[color=orange, fill=red,
           width=8pt, length=10pt]}]
  (pdf);
```

● 図 4.11　矢頭のカスタマイズ

たしかにこれはちょっと行きすぎだが、説明の役に立つ。ポイントは矢印については前もって用意されている矢頭を選ぶだけでなく色々とカスタマイズできるということだ。

この後の章では、矢印をよく使うので、もっと詳細を学ぼう。

4.6　to オプションの使い方

TikZ では、パスへのコマンドを演算と呼んでいたことを思い出そう。例えば、`node` や `edge` は演算だ。`edge` 演算はメインのパスからオプションなどを継承するが、それ自体のオプションで上書きできる。`edge` には独自のスタイルや矢印があるので、柔軟に扱える。

本章の主題は `edge` 演算だが、同様に役立つ `to` 演算がある。使用例はマニュアルにもインターネットにもあるので、ここでも少しばかり論じよう。

`to` 演算はノード間で直線、曲線、矢印を引くのにも使える。色や矢印のスタイルなど `to` は現在のパスオプションを引き継ぐ。`edge` のほうは、主パスオプションを引き継ぐだけでなく、自分の色や矢印のスタイルなど追加のパスオプションをとれる。そんなにたくさんパスオプションはいらない場合、`to` 演算で済ませられ、`bend, in, out, looseness, relative, distance` などの接続用のオプションを処理できる。それ以外は同じように

使える。

例えば、次の

```
\draw[->] (tex) to (pdf);
```

は、`tex` ノードから `pdf` ノードに、図 4.1 と同じように矢印を描く。

`to` 演算は、接続用のオプションを次のように理解する。

```
\draw[->] (tex) to[out=45,in=225,looseness=1.5] (pdf);
```

これは、曲線の矢印で、`tex` ノードから 45 度の角度で出て、曲がって、`pdf` ノードに 225 度の角度で入る（図 4.12）。

● **図 4.12** 曲線の矢印

しかし、`\draw (tex) to[out=45, in=225, looseness=1.5, ->] (pdf);` と書いたのでは、`[->]` が `color` や `thick` 同様にパスオプションなので矢印にならない。

`edge` 演算はパスオプションと接続オプションの両方が使えるので、最も柔軟な方式になる。

図 4.12 は、`edge` で次のように書ける。

```
\draw[->] (tex) edge[out=45,in=225,looseness=1.5] (pdf);
```

`to` 演算と対照的に、`->` の矢印オプションは `edge` で使える。

```
\draw (tex) edge[out=45,in=225,looseness=1.5,->] (pdf);
```

このコードのほうが望ましい。辺を作るとき、主パスとは別のパスになるので、矢頭が `\draw` コマンドのではなく辺のオプションになるからだ。次のコマンドを試そう。

```
\draw[->] (0,0) edge (1,0);
```

これをコンパイルすると次のようなことが起こる。

● 辺が `\draw` のオプションを引き継ぐので、$(0,0)$ から $(1,0)$ に矢印が引かれる。
● 主パスの一部なので $(0,0)$ にも矢頭がある。

出力を見て確認してみよう（図 4.13）。

● **図 4.13** 望ましくない矢頭

`edge` を使うときには、望ましくない矢頭がないか忘れずに調べよう。

■■■ 4.7 □ まとめ

本章では、辺を使ってノードを結ぶ方法と辺にテキストを付加する方法を学んだ。さらに、スタイルの使い方についての知識を深めた。

Ti*k*Z のノード、辺、矢印がわかったので、テキスト、色などのカスタマイズを施した複

雑な図式を作ることができる。

次章では、TikZ のスタイルについて、より少ない労力でより効果的な図が作れるよう理解を深める。

4.8 さらに学ぶために

本章の内容は、TikZ マニュアル https://texdoc.org/pkg/tikz の次のような節で詳しく述べられている。

- *Part III, Section 16, Arrows*：矢頭の種類とオプションの完全な表がその図やカスタマイズとともにある。オンラインリンクは https://tikz.dev/tikz-arrows。
- *Part III, Section 17.12, Connecting Nodes: Using the Edge Operation*：`edge` と `quotes` の構文の説明。オンラインリンクは https://tikz.dev/tikz-shapes。
- *Part V, Section 74, To Path Library*：`edge` とも使える `to` 演算の説明。オンラインリンクは https://tikz.dev/library-edges。

見ておくとよいオンライン資料には次のようなものがある。

- 矢印を使った TikZ 描画例：https://tikz.net/tag/arrows
- 特殊な矢印を使った TikZ の例：https://texample.net/tikz/examples/feature/arrows
- 矢印の利用とカスタマイズについての優れたチュートリアル：https://latexdraw.com/exploring-tikz-arrows オンラインの例は、TikZ 描画の出発点として適している。

第5章

スタイルと画像の読み込み

3章と4章でスタイルのことを学び、ノード、辺、ラベル、ピンをスタイルを使って描く方法を学んだ。本章では、スタイルを詳しく調べて、効果的に使う方法を学ぶ。さらに、描画の中で部品として使える Ti*k*Z のミニピクチャの扱い方も学ぶ。

次のようなテーマを扱う。

- スタイルの理解
- スタイルの定義と利用
- スタイルの継承
- グローバルおよびローカルなスタイル利用
- スタイルの引数
- pic の作成と利用

5.1 技術要件

どの章でも同じだが、自分のコンピュータに LaTeX と Ti*k*Z があるか、Overleaf や https://tikz.jp/chapter-05 でコード例をオンラインコンパイルできる必要がある。

コードは https://github.com/PacktPublishing/LaTeX-graphics-with-TikZ/tree/main/05-using-styles-and-pics の GitHub にもある。

本章では、Ti*k*Z の `positioning`、`scope` ライブラリおよび `tikzlings` ライブラリを使う。

5.2 スタイルの理解

すでに、角括弧にくくった `key=value` オプションを使ってノードや辺をカスタマイズした。キーの例は `color`、`shape`、`width`、`font` だった。

自分で `key=value` を定義することもできる。Ti*k*Z では、そのような定義をスタイルと呼び、名前をつける。名前そのものが Ti*k*Z では key と呼ばれる。そのようなスタイルの利点は、多数の `key=value` だけでなくコードスニペットまで含められることだ。

スタイルを使うのは、LaTeX のマクロを使うのと似ている。両者を比較すると次のようになる。

- 何度も使うコードがあるなら LaTeX のマクロを作る。何度も使う画像プロパティがあるなら Ti*k*Z の名前付きスタイルを使う。
- LaTeX のマクロは内容と形式を分離する。Ti*k*Z のスタイルは描画コンテンツを描画プロパティから分離する。
- マクロとスタイルは、コードの繰り返しを省略し、文書や描画の構造化を助ける。

名前をつけたキーがスタイルのような属性とコードとをもつ。いわゆるハンドルでこれらを修正したり設定したりできる。キーハンドルの名前は通常のキー名と区別するためにドットで始まる。

このような説明で、Ti*k*Z マニュアルに出てくる概念はわかったと思う。5.8 節には、キー

やハンドラの詳細な説明へのリファレンスやリンクがある。

実際にスタイルを使って描画を始めよう。

5.3 スタイルの定義と利用

まず、ノードとスタイルの例から始める。A と呼ぶノードを作る。

```
\node (A) {A};
```

これは、デフォルトのフォントで、シェイプも色もなしに A を出力する。変更しよう。サンセリフの太字フォントで、テキストの色を白、シェイプを円にして、青いボールのように色付けする。

```
\node [font = \sffamily\bfseries, text = white,
       shape = circle, ball color = blue] (A) {A};
```

ファンシーな A ができた（図 5.1）。

● 図 5.1　ファンシーなノード

かなり多くのオプションを利用した。文書中にいくつも同じノードがある場合、毎回これを繰り返したくはない。3 章で描画中の全ノードにオプションを適用する `every node/.style` 構文を学んだ。描画中に違う種類のノードがあるとこれは使えない。

グラフを作る例でこれを検討しよう。ケーニヒスベルクの 7 つの橋という有名な数学の問題がある。今はカリーニングラードと呼ばれているが、ケーニヒスベルクの街には市を 2 つに分断する川が流れており、川には 2 つの島があった。これらを 7 つの橋が結んでいた。問題は、すべての橋を 1 回だけ渡って、市の全域を歩くことができるかということだ。

図 5.2 は、川、2 つの島、7 つの橋を可視化したものだ。問題の、一筆書きの歩行ができるか考えてみよう。

● 図 5.2　ケーニヒスベルクの 7 つの橋

数学者のオイラーがこの問題を解いて不可能だと証明したとき、グラフという概念を導入した。グラフでは、ノードを頂点と呼び、一般のノードと区別する。ここでは、頂点が市の 1 区画を表す。グラフの辺は橋を表す。

市の両岸の 2 区画と 2 つの島の 4 頂点からなるグラフを描く。橋を表す 7 つの辺をそれ

に加える。最後に、辺に 1 から 7 の番号をふる。目標を表した図 5.4 をすでに見ているかもしれない。

図 5.1 のように多数のオプションを繰り返し書かなくて済むようにスタイルを作る。まず、図 5.1 のような頂点のスタイルを作る。そのために \tikzset コマンドを使う。これは TikZ の style ハンドラを設定する。これは、次のように文書のプリアンブルでも tikzpicture 環境の内外で使える。

```
\tikzset{vertex/.style = {font = \sffamily\bfseries,
    text = white, shape = circle, ball color = blue}}
```

キーやハンドラの名付け方式には深入りしないようにしよう。太字の vertex/.style のようなものをスタイルと呼び、\tikzset コマンドで変更する。

同様に bridge スタイルを作る。黄色で厚く二重線のスタイルだ。

```
\tikzset{bridge/.style = {thick, double = yellow,
    double distance = 1pt}}
```

最後に number スタイルを作る。数は、赤色で頂点と同じフォントのノードだ。

```
\tikzset{number/.style = {font = \sffamily\bfseries,
    text = white, draw, fill = red}}
```

図 5.1 のノードが次のように書くだけで再現できる。

```
\node[vertex] (A) {A};
```

頂点 B を A の右に置く。

```
\node[vertex, right = 4 cm of A] (B) {B};
```

次に、A と B の間に、number スタイルの数字をつけた bridge スタイルの辺を描く。

```
\draw (A) edge[bridge] node[number] {1} (B);
```

これは、グラフの始まりで、2 頂点が真ん中に数字のついた橋の辺で接続されている。

/.style 構文には追加変更も可能だ。/.append style と書いて、既存のスタイルに追加できる。例えば、bridge スタイルに辺を曲げるよう修正を加えられる。

```
\tikzset{bridge/.append style = {bend right}}
```

これを tikzpicture 環境の中でもできる（図 5.3）。

● 図 5.3　小さなグラフ

カンマで区切って複数のスタイルを 1 つの \tikzset コマンドで定義することもできる。

これまで習ったことをすべて組み合わせれば完全なケーニヒスベルクの橋グラフが描ける（図 5.4）。すべてを 1 つにまとめた完全なソースコードを次に示す。

```
\documentclass[border=10pt]{standalone}
\usepackage{tikz}
\usetikzlibrary{positioning}
\tikzset{
  vertex/.style = {font = \sffamily\bfseries, text = white,
```

```
              shape = circle, ball color = blue},
    bridge/.style = {thick, double = yellow,
           double distance = 1pt},
    number/.style = {font = \sffamily\bfseries, text = white,
           draw, fill = red}}
\begin{document}
\begin{tikzpicture}
  \node[vertex] (A) {A};
  \node[vertex, right = 4 cm of A] (B) {B};
  \draw (A) edge [bridge] node [number] {1} (B);
  \node[vertex, below = 2cm of A] (C) {C};
  \node[vertex, above = 2cm of A] (D) {D};
  \tikzset{bridge/.append style = {bend right}}
  \draw (C) edge [bridge] node [number] {2} (B)
        (B) edge [bridge] node [number] {3} (D)
        (C) edge [bridge] node [number] {4} (A)
        (A) edge [bridge] node [number] {5} (C)
        (A) edge [bridge] node [number] {6} (D)
        (D) edge [bridge] node [number] {7} (A);
\end{tikzpicture}
\end{document}
```

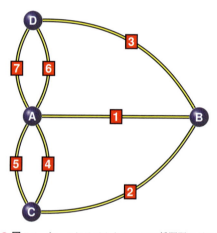

● 図 5.4　ケーニヒスベルクの 7 つの橋問題のグラフ

　/.append style ハンドラは、ある図の中でだけグローバルスタイルにキーと値を追加したい場合やその詳細を知らないが定義済みのスタイルのあるキーに値を追加したい場合に役立つ。

　追加したものが既存のキーを上書きする。fill=blue をもつスタイルに fill=red を追加すれば、それは赤で塗りつぶされる。

　場合によると逆方向に働かせたいときがある。例えば、元のスタイルが fill キーをもたない場合だけ、fill=red を先付けしておくことができる。そのハンドラは /.prefix style で、次のように使える。

```
\tikzset{vertex/.prefix style = {fill=red}}
```

スタイルを使いこなせるとコードを次のように改善できる。

● フォーマットをコンテンツの描画から分離できる。

- スタイルの再利用ができる。同じスタイルを別の描画に使える。
- 繰り返しの少ない短いコードを書ける。
- 要素の描画で明快で記述力に富む記法が得られる。

再利用を改善し、繰り返しを避ければ、前もって定義したスタイルに基づいて新たなスタイルを定義できる。これが次節のテーマだ。

5.4 スタイルの継承

`vertex` と `number` の両スタイルでサンセリフの太字フォントと白抜きテキストのコマンドを使ったことに気付いただろう。繰り返しを避けて、1箇所で定義するために、両方で使われたスタイルを定義できる。それを `mytext` と呼ぼう。すると、次のように `vertex` と `number` の両定義中で使用できる。

```
\tikzset{
  mytext/.style = {font=\sffamily\bfseries, text=white},
  vertex/.style = {mytext, shape = circle,
                   ball color = blue},
  number/.style = {mytext, draw, fill = red}}
```

こうすると、基本的なスタイルを定義して、それに基づいたスタイルをさらに作ることができる。

同様に、図の中の要素をハイライトするような別のスタイルに基づいたスタイルを定義できる。ここでは、一般 `highlight` スタイルを定義し、それを他のスタイルと組み合わせよう。

```
\tikzset{highlight/.style = {draw=yellow, very thick,
         densely dotted},
         highlight vertex/.style = {vertex, highlight},
         highlight number/.style = {number, highlight}}
```

すると、A ノードと 1 辺をそれで変更できる。

```
\node[highlight vertex] (A) {A};
\draw (A) edge [bridge] node [highlight number] {1} (B);
```

これをコンパイルすれば、A ノードと 1 辺がハイライトされる（図 5.5）。

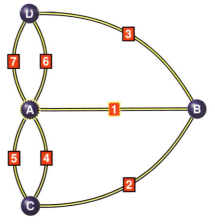

● 図 5.5　Aノードと 1辺がハイライト

次に、1つの図または環境でローカルに処理することに焦点を当てながら、スタイル定義の様々な方法を調べよう。

5.5　グローバルおよびローカルなスタイル利用

`\tikzset` コマンドを使うと、スタイルを文書全体でグローバルに定義できる。これは、複数の同様の図が文書中にある場合に特に役立つ。例えば、グラフ理論の本では、頂点、辺、ラベルを本全体で同じスタイルにしたいだろうから、プリアンブルで `\tikzset` を使うのがよい。

古いマニュアルやドキュメントで、次のような形式の `\tikzstyle` コマンドを見かけることがあるだろう。

```
\tikzstyle{my style} = [options]
```

TikZ 作成者によれば、このコマンドは非推奨になっており使うべきではない。よって、インターネットで古いコードを見るときには、これを思い出すことだ。

図によってスタイルが異なる場合、スタイルをローカルに定義して、1つの図の中でだけ有効にしたいことがある。それには、スタイルを `tikzpicture` 環境のオプションとして設定することだ。例えば、ローカルな `vertex` スタイルの図を描きたいなら、次のようにできる。

```
\begin{tikzpicture}[vertex/.style = {shape = circle,
                                    ball color = blue}]
\node[vertex] (A) {A};
\end{tikzpicture}
```

別の図では、別の `vertex` スタイルを定義できる。

`scope` 環境を使って、スタイルやオプションの効果を一定の範囲（スコープ）に限定することもできる。

```
\begin{scope}[thick, draw=red]
   ...
\end{scope}
```

これだと、`scope` 環境にあるすべてが太くて赤色だ。環境が終われば、そうでなくなる。スコープは TikZ コードの全要素に適用するように使える。これも TikZ の図を構造化して繰り返しをなくすために使える。

スコープは、7 章でクリッピングの設定の制限に、9 章で図の中の様々なレイヤーで書いたものを区切るのに使用する。

1つのコマンドのような非常に狭いスコープでは、`\scoped` という短縮形がある。`scope` 環境とは違って、次のように書ける。

```
\scoped[thick, draw=red]{\draw ...}
```

これは、今後の章で学ぶように、クリッピングやレイヤーなどコマンドで直接サポートされていないオプションをスコープを使って設定するときに役立つ。

別の短縮形は、波括弧と角括弧を使うものだ。この構文を使うには、`scopes` ライブラリをロードする必要がある。

```
\usetikzlibrary{scopes}
```

ここで、開き波括弧のあとにオプションを角括弧でつけて、スコープを始めることができる。閉じ波括弧でスコープが終わる。前の scope の例が、さらに短くなる。

```
{[thick, draw=red]
  ...
}
```

この短い構文は、次の 2 条件を満たす場合のみ解釈して検出される。

● 開き波括弧の直後にオプションの角括弧が続く場合。
● セミコロンでパスが終わる、前のスコープが終わる、または、図かスコープの始まりのどれかで始まる場合。

これ以外の場合には、波括弧は標準的な TeX 波括弧として扱われる。

環境やマクロと同様、丸括弧にくくった引数を与えることもできる。次節でそれを扱う。

5.6 スタイルの引数

図 5.5 で、次のように vertex スタイルを定義したことを思い出そう。

```
\tikzset{vertex/.style = {mytext, shape = circle,
  ball color = blue}}
```

同じスタイルで違う色を選ぶために引数を使うことができる。マクロの引数と同様に、次のように引数をサポートできる。

```
\tikzset{vertex/.style = {mytext, shape = circle,
  ball color = #1}}
```

図 5.5 のコードを次のように、色を引数として選ぶように変えられる。

```
\node[vertex=blue] (A) {A};
\node[vertex=green, right = 4 cm of A] (B) {B};
```

つまり、#1 がスタイルの引数を表し、style=value で #1 に値を設定するのだ。いわゆる .default ハンドラで、値を与えなかった場合にとる値を設定できる。

```
\tikzset{vertex/.default=blue}
```

これで、青のノードは \node[vertex]、緑のノードは \node[vertex=green] と書ける。

誤解を避けるために、特に 2 つ以上の引数があるときは、style={value}と書く。つまり、値を波括弧で囲む

```
style = {value1}{value2}
```

別の例で説明するのがよいだろう。2 つの引数のスタイルを作る。

図 3.25 のネットワーク図式では、画像を配置したノードを作った。それに次のように、\includegraphics を使ってノードに画像を追加した。

```
\node (router) [inner sep=0pt]
  {\includegraphics[width=2cm]{router.pdf}};
```

図にもう一つルータを加える場合に、これを繰り返したくない。スタイルについては前よりも知っているので、画像のあるノードのスタイルを定義する。

これには、コードをパスへのオプションとして追加できる `path picture` 構文を使う。

```
path picture = <some code>
```

このオプションをパスに与えると、パスが描かれて色が塗られた後で、コードが実行される。コードで作られた画像はパスにクリッピングされる。コードでは、例えば、\draw コマンドや \node コマンドを使える。

使う前に、引数を2つもつスタイルの構文を知っておく必要がある。基本的に、`image` というスタイルが次のようになる。

```
image/.style 2 args = <some code with #1 and #2>
```

確かに、これではそっけない。画像のあるノードを含む引数を2つもつ `image` スタイルを作ってみよう。

```
\tikzset{
  image/.style 2 args = {path picture = {
    \node at (path picture bounding box.center) {
      \includegraphics[width=#1cm] {#2}};}}}
```

これで、目標に近づいた。このスタイルは、ある幅（第1引数）でファイル名（第2引数）の画像を追加する。

次のように様々な画像のスタイルを追加できる。もちろん、`\tikzset` においてだ。

```
router/.style = { image = {2}{router.pdf} },
switch/.style = { image = {3}{switch.pdf} },
```

これで、2 cm 幅のルータと3 cm 幅のスイッチのノードスタイルができ、次のように画像中に繰り返し使うことができる。

```
\node[router] (r) {};
\node[switch, right = 4 cm of r] (s) {};
```

これでルータノード (r) とスイッチノード (s) ができた。このようなスタイルを使うと、描画に同じ画像の多数のノードを追加したり、各画像にノードスタイルを与えられる。

もっと多くの引数も使える。この構文は多数の引数を扱え、例えば、`name` という5引数のスタイルを次のように書ける。

```
name/.style n args={5}{some code}
```

引数は0から9個まで指定できる。多数の引数のスタイルの可能性があるのはよいことだが、実際にそれだけ多くの引数が必要なことは稀だ。`.default` ハンドラも複数の引数を使える。引数は、次のように、波括弧で区切られる。

```
image/.default = {2}{example.pdf}
```

スタイルを要素プロパティの集合として使うと、部分的な描画を構成要素として使うことができる。それが次のテーマだ。

5.7　pic の作成と利用

LaTeX では、コードのマクロを繰り返し使う。TikZ のコードを描画で繰り返し使うのはどうだろうか。ある `tikzpicture` 環境を別のところにただ追加するわけにはいかない。その描画や要素が、他のスタイルや設定と干渉を引き起こす。

この問題を解くために、TikZ には、小さな画像を TikZ 描画での構成要素として使えるようにする構文がある。この機能は pic と名付けられており、短い描画コードとその結果も pic と呼ぶ。

pic は、スタイル設定と同じように定義される TikZ 描画コードだ。実際の例として、2 章で作ったスマイリーのコードに基づいた smiley という pic を定義しよう。基本構文は次のようになる。

```
\tikzset{smiley/.pic={ ... drawing commands ... }}
```

.style 同様、.pic もキーハンドラの例だ。

図 2.11 のコードを次のように \tikzset コマンドに置く。

```
\tikzset{smiley/.pic={
  \draw[shading=ball, ball color=yellow] (0,0)
    circle [radius=2];
  \draw[shading=ball, ball color=black] (-0.5,0.5,0)
    ellipse [x radius=0.2, y radius=0.4];
  \draw[shading=ball, ball color=black] (0.5,0.5,0)
    ellipse [x radius=0.2, y radius=0.4];
  \draw[very thick] (-1,-1) arc [start angle=185,
    end angle=355, x radius=1, y radius=0.5];}}
```

この TikZ 描画で smiley pic を使うには、ノードのようにしないといけない。\draw とともに次のように書く。

```
\draw pic {smiley};
```

scale や rotate のような描画オプションと位置づけの座標を与えることができる。座標を与えないと、$(0,0)$ がデフォルトで使われる。

位置づけの理解のために次のコードを考える。

```
\draw (2,4) pic {smiley};
```

ここで、smiley pic は図中に位置づけられるので、pic の原点 $(0,0)$ が、TikZ 描画全体の中の座標 $(2,4)$ に置かれる。ノードと異なり、pic にはアンカーがない。

スマイリーが TikZ 描画中に簡単にすぐ置けるので作業が簡単になる。1 つの描画で、たくさんのスマイリーをファンシーに配置できる。練習のためやってみよう。smiley pic を様々な座標で、様々なサイズと角度で配置するだけだ。

```
\begin{tikzpicture}
\draw (0,0)    pic {smiley}
      (2,2)    pic [scale=0.5,  rotate=-30] {smiley}
      (-2,1.5) pic [scale=0.3,  rotate= 30] {smiley}
      (-1.6,2) pic [scale=0.15, rotate=-20] {smiley}
      (0,2)    pic [scale=0.2,  rotate=-10] {smiley};
\end{tikzpicture}
```

これをコンパイルすると、次が得られる（図 5.6）。

ある描画コードを繰り返し使っている場合、その図を別の .tex ファイルに保存し、プリアンブルで入力することができる。あるいは、.sty ファイルを作って呼び出すこともできる。すぐに使える pic を集めた TikZ パッケージもある。

tikzlings パッケージを試してみよう。このパッケージには、TikZlings と呼ばれる

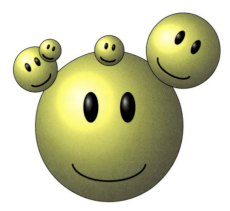

● **図 5.6** 小さな pic の繰り返し

かわいい動物の絵がある。描画中にそれらを pic として追加し配置しよう。

まず、パッケージをロードする。

```
\usepackage{tikzlings}
```

これで 20 以上の動物のライブラリが手に入った。どこでも好きな位置に `\pic{animal}` や `\draw pic{animal}` というコードで図を配置できる。配置には図 2.1 のグリッドも使ってやってみよう。使い方は学んだので、グリッドの pic も作る。`mygrid` と名付けよう。

```
\tikzset{mygrid/.pic = {
    \draw[thin, dotted] (-3,-3) grid (3,3);
    \draw[->] (-3,0) -- (3,0);
    \draw[->] (0,-3) -- (0,3);}}
```

描画の用意ができた。鶏、豚、熊、ペンギン、フクロウを選ぼう。

```
\begin{tikzpicture}
\draw      pic {mygrid}
  (-1,0)   pic {chicken}
  (1,0)    pic {pig}
  (-2,-2)  pic {bear}
  (0,-2)   pic {penguin}
  (2,-2)   pic {owl}
;
\end{tikzpicture}
```

全 pic を 1 つの `\draw` コマンドで使った。コンパイルすると次の図になる（図 5.7）。

グリッドのことがわかっているので、pic の原点が、動物の足のちょっと下だということが見て取れる。

TikZlings は LaTeX や TikZ のコミュニティでは非常に有名だ。他の TikZ パッケージ同様、最初はちょっとした楽しみで始まった。しかし、真面目な話、このようなプログラミングは教育的でもある。例えば、`https://github.com/samcarter/tikzlings` にある TikZlings のソースコードを見るとよい。これらは色や 3D 効果など、様々なスタイルオプションを使って、かわいい動物たちをカスタマイズできる意欲的な TikZ コードの作品だ。帽子や洋服、吹き出し、シャベル、ほうき、スターウォーズのライトセーバー、ピザ、飲み物などのアクセサリーも追加できる。

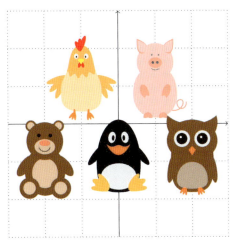

● 図 5.7　グリッド上の魅力的な動物たち

5.8　まとめ

　本章を学んで、TikZ 描画を系統的に作成する専門的なワークフローの経験が得られたはずだ。これで、要素を描画するために自分のスタイルを定義して使えるはずだ。

　次章では、これまでの知識を木やグラフに応用する。

5.9　さらに学ぶために

　TikZ マニュアルには、キー、ハンドラ、スタイル、pic の完全な説明がある。コマンドラインで `texdoc tikz` とするか、https://texdoc.org/pkg/tikz を参照する。

　本章のテーマは第 3 部の次のような節で詳しく説明されている。

- *Section 12, Hierarchical Structures* スコープについてさらに述べている。オンラインリンクは https://tikz.dev/tikz-scopes だ。
- *Section 18, Pics: Small Pictures on Paths* pic の機能を述べる。オンラインリンクは https://tikz.dev/tikz-pic だ。

　マニュアルの *Part VII, Section 87, Key management* では、キーとハンドラの説明がある。オンラインは、https://tikz.dev/pgfkeys だ。スタイルの引数の使い方も詳しく載っている。

　本章で、理解できたと思うが、TikZ マニュアルが完全なリファレンスだ。

　見ておいたほうがよいオンライン資料には次のようなものがある。

- https://tikz.net/tag/styles にはスタイルに焦点をあてた TikZ の描画例がある。
- https://texample.net/tikz/examples/feature/styles にもスタイルに焦点をあてた TikZ の描画例がある。

　TikZlings には 60 ページ以上の専用マニュアルがある。`texdoc tikz` からか https://texdoc.org/pkg/tikzlings で参照できる。

第6章
木とグラフの描画

ノード、辺、スタイルで、複雑な描画ができるはずだ。作業が簡単になるように、TikZ は様々な種類のよく使われるグラフィックスをサポートするライブラリを用意している。

どのライブラリにも専用の描画コマンドとスタイルオプションがある。

本章では、次のようなテーマの TikZ ライブラリについて学ぶ。

- 木の描画
- マインドマップの作成
- グラフの作成
- 行列の要素の配置

本章を終えると、この種のグラフィックスを効率よく作成できるようになる。

6.1 技術要件

自分のコンピュータに LaTeX があるか、Overleaf や https://tikz.jp/chapter-06 でコードを扱える必要がある。

コード例は https://github.com/PacktPublishing/LaTeX-graphics-with-TikZ/tree/main/06-drawing-trees-graphs-charts の GitHub にもある。

本章では、TikZ の `trees`、`graphs`、`matrix`、`quotes` ライブラリおよび LaTeX 関連ロゴを出力するために `hvlogos` パッケージを使う。

6.2 木の描画

木はグラフの一種で、どの2つの頂点も、ちょうど1つの辺だけで接続されるものをいう。グラフ理論、コンピュータサイエンス、その他、親子関係を階層的に表現するところで、木を見かけるはずだ。

`node` と `edge` の演算はすでに学んだし、`child` の演算は両者を組み合わせたものだ。具体的には、1つの親ノードを1つ以上の子ノードと辺で接続したもので、それぞれが親に対する子となる。さらに、TikZ では、子の数を数えて、それぞれを適切に配置する。

シンプルな例を以下にあげる。

```
\node {A} child { node {1} edge from parent };
```

シンプルな木が出力された（図 6.1）。

● 図 6.1　簡単な木

`edge from parent` が専用パス演算で辺を親から子に追加する。4 章で学んだように、辺にオプションとノードを追加できる。例えば、この辺を破線の矢印にして短いテキストを付加する。

```
\node {A} child { node {1}
  edge from parent [dashed, ->]
  node[above, sloped, font=\tiny] {down} };
```

図式が次のように変わる（図 6.2）。

● 図 6.2　木のカスタマイズした辺

単純な辺であれば、Ti*k*Z は指定しなくとも親から子に引く。よって、図 6.1 のコードは、もっと短く次のように書ける。

```
\node {A} child { node {1} };
```

これはまだ感心しないだろう。Ti*k*Z の木の有用な機能は、複数の子を扱うものだ。子を並べあげるだけで、Ti*k*Z が数えて、配置を計算し、辺を引いてくれる。

5 つの子を扱おう。

```
\node {A}
  child { node {1} }
  child { node {2} }
  child { node {3} }
  child { node {4} }
  child { node {5} }
;
```

このコードは、次のような釣り合いの取れた（バランスした）木になる（図 6.3）。

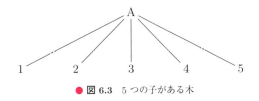

● 図 6.3　5 つの子がある木

これらはノードと辺なので、ノードに角括弧でしていたようにスタイルオプションを追加できる。繰り返しを避けるために、`child` パスと木全体にスタイルオプションを設定できる。次のとおりだ。

- 木全体：`tikzpicture` 環境でオプション指定
- 全部の親（根ノードと呼ぶ）：角括弧でノードにオプションを与える
- 全部の子：根ノードと最初の子との間に角括弧でオプションを与える
- 子のパス：`child` 演算に角括弧で追加
- 木の特定のノード：その `child` パス内でそのノードにオプションを追加

6.2　木の描画　57

理解しやすいように、オプションを使った次のコードを見よう。

```
\begin{tikzpicture}[thick]
  \node [draw, black, rectangle] {A}
    [red, ->]
    child { node {1} }
    child { node {2} }
    child [densely dashed]
      { node [draw, blue, circle] {3} }
    child { node {4} }
    child { node {5} }
  ;
\end{tikzpicture}
```

太字で強調したオプションが、これを図 6.3 から図 6.4 へ変えた。

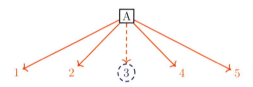

● 図 6.4　スタイルをカスタマイズした木

スタイルオプションが継承されていることもわかるはずだ。子 3 の破線は他の子と同じように赤の矢印だし、ノード 3 は木全体と同様に厚めだ。さらに、ノード 3 には独自のスタイルオプションがあり、円の縁取りが青色で、child パスからは densely dashed オプションを継承する。

親と子の距離や隣り合う子の距離に対するレイアウトのオプションもあり、木に複数の階層があるときには特に役立つ。子のノードは親としても働き、さらに子を持てる。これをもう一つの例としてやってみよう。

木を作り、他の機能を調べるために、TeX と LaTeX との関係を、ConTeXt やいくつかの LaTeX エンジンを含めて木にしてみよう。TeX 関係のロゴを書くためには、hvlogos パッケージをロードする。

以下のコードから始める。木のコードとパッケージを追加した部分を太字にした。

```
\documentclass[border=10pt]{standalone}
\usepackage{tikz}
\usepackage{hvlogos}
\begin{document}
\begin{tikzpicture}
  \node {\TeX}
    child { node {\LaTeX} }
    child { node {\ConTeXt} }
  ;
\end{tikzpicture}
\end{document}
```

この簡単なコードをコンパイルすると次の出力になる（図 6.5）。

第 3 層を追加しよう。LaTeX ノードには、LaTeX 形式に基づいた pdfTeX, XƎTeX, LuaTeX というエンジンを表す 3 つの子があるはずだ。新たなノードは LaTeX ノードの子だ。よって、LaTeX の child パスの中で child 演算を使わねばならず、構文を入れ子

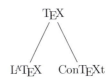

● 図 6.5　TeX の関係を簡単に示した木

にする。追加した部分を太字で強調した。

```
\node {\TeX}
  child { node {\LaTeX}
    child { node {\pdfLaTeX} }
    child { node {\XeLaTeX} }
    child { node {\LuaLaTeX} }
  }
  child { node {\ConTeXt} }
;
```

このコードをコンパイルすると、次になる（図 6.6）。

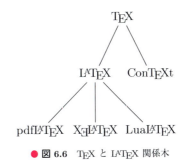

● 図 6.6　TeX と LaTeX 関係木

根の下の第 1 層はよさそうだが、第 2 層は窮屈そうで、縦方向の距離が子の間の間隔に比べて大きい。

調整すべき距離は次の 2 種類だ。

- `level`：親子の間の縦方向の距離
- `sibling distance`：隣り合う子の間の水平距離

すでに見てきた木のスタイルと同様に、木全体についての距離の値は `tikzpicture` 環境のオプションとして与え、根ノードと最初の子、あるいはどの子のオプションとしても適用される。さらに、次のように、`tikzpicture` に `level x` スタイルを適用する。

```
{tikzpicture}[
    level 1/.style = { level distance  = 8mm,
                       sibling distance = 20mm },
    level 2/.style = { level distance  = 10mm,
                       sibling distance = 20mm } ]
    ...
  \end{tikzpicture}
```

これをコード例に追加すると、木の調整ができる（図 6.7）。

ノードの外見をよくして辺にラベルを与えることにしよう。すでに知っている方法、つまり `every node/.style` で望みの値を設定できるが、これだとラベルノードにも影響

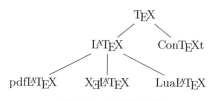

● 図 6.7　木の距離を調整

してしまう。そのために every child node/.style を使う。

次のコードでは、根ノードから全部の子に適用する一般的な木ノードスタイルと engine と呼ぶラベルのスタイルを定義する。engine ラベルは、LaTeX バージョンごとのコンパイルエンジンを表す。

```
\begin{tikzpicture}[
  level 1/.style = { level distance    = 8mm,
                     sibling distance = 20mm },
  level 2/.style = { level distance    = 10mm,
                     sibling distance = 20mm },
  treenode/.style = {shape = rectangle,
    rounded corners, draw,
    top color=white, bottom color=blue!30},
  every child node/.style = {treenode},
  engine/.style = {inner sep = 1pt, font=\tiny, above}
]
\node [treenode] {\TeX}
  child { node {\LaTeX}
    child { node {\pdfLaTeX}
      edge from parent node[engine, sloped] {\pdfTeX}}
    child { node {\xeLaTeX}
      edge from parent node[engine, left] {\XeTeX} }
    child { node {\LuaLaTeX}
      edge from parent node[engine, sloped] {\LuaTeX}}
  }
  child { node {\ConTeXt} }
;
\end{tikzpicture}
```

これをコンパイルすると、次のようになる（図 6.8）。

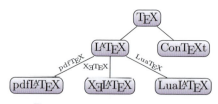

● 図 6.8　辺にスタイルとラベルを与えた木

コンピュータサイエンスでは木は上から下だが、別のレイアウトも試せる。grow=right オプションを tikzpicture 環境に追加すると、木が左から右へ成長する（図 6.9）。

もちろん、木の向きを変えれば、層間と子間の距離も変えられる。grow では、down, up, left, right, north, south, east, west, north east, north west, south east, south west の中から選べる。さらに、grow=90 のように角度を与えることもできるが、これは grow=up と同じだ。

60　6. 木とグラフの描画

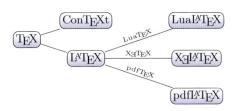

● 図 6.9 左から右への木

TikZ で子を描く順序を逆にしたい場合には、`grow'` を使える。例えば、`\begin{tikzpicture}[grow=up]` と書けば、図 6.3 が次のようになる（図 6.10）。

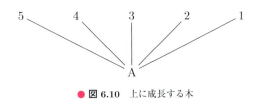

● 図 6.10 上に成長する木

子の並び順は、図 6.3 と同様に時計回りだが、左から右ではない。気づきにくいところだ。オプションを `grow'` にすれば、次のようになる（図 6.11）。

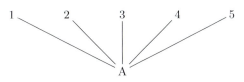

● 図 6.11 上に成長し、子の順序が逆の木

子の順序が反時計回りだが、左から右に戻った。

`trees` ライブラリには追加機能がある。いつものようにロードする。

```
\usetikzlibrary{trees}
```

最も便利な機能は、子ノードの扇形配置だ。

- `grow cyclic`：子を親ノードから等距離に円周上に配置する。円の半径はすでに使った `level distance` だ。
- `sibling angle`：子の間の角度を定義する。
- `clockwise from`：角度の値。最初の子を置く角度。2 番めの子は `sibling angle` だけ離れる。これを指定すれば、`grow cyclic` の必要はない。
- `counterclockwise from`：逆方向にする。

これらのオプションを `tikzpicture` 環境に適用できる。例を見るのがわかりやすいので、図 6.3 のコードに次を使う。

```
\begin{tikzpicture}[clockwise from = 180,
   sibling angle=45]
```

図は次のようになる（図 6.12）。

次節では、この機能を使ってマインドマップを描く。これは主題と下位主題を階層的な円状に表示する木だ。

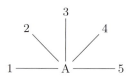

● 図 6.12　扇状に子ノードを配置した木

6.3　マインドマップの作成

情報を階層的に組織化する木は、通常は上から下、左から右に成長し、複数の層からなる。根が中心にあり、第 1 層の子が円状に配置される木を想像しよう。子は、下の層の子に取り囲まれる。

そのような図式はマインドマップと呼ばれ、アイデアの可視化として有名だ。中心となる概念があり、そこから子概念が様々な方向に分岐する。子概念には孫がある。

Ti*k*Z には mindmap ライブラリがある。根概念を中心に円形で表示し、子概念をそのまわりに小さな円で表し、ブランチと呼ばれる辺で連結する。

ライブラリを \usetikzlibrary{mindmap} でロードする。そして、mindmap オプションを tikzpicture 環境に追加し、前節と同様に、子で木を作る。ノードは concept スタイルになる。これには、ユーザが設定できる concept color 値が含まれる。

まず、第一歩として、非常に簡単な例を示す。根概念ノードを大きな太字テキストで、子概念ノードを少し小さなテキストで、ノードを青で塗りつぶしテキストを白抜きにする。

```
\begin{tikzpicture}[
    mindmap,
    concept color = blue!50,
    text = white,
  ]
  \node [concept, font=\Huge\sffamily\bfseries] {TikZ}
    child [clockwise from = 0] {
      node [concept, font=\Large\sffamily] {Graphs}
    };
\end{tikzpicture}
```

このコードの結果は次のようになる（図 6.13）。

● 図 6.13　シンプルなマインドマップ

すべてのノードが concept スタイルなら、picture オプションで nodes = {concept} と書けばよい。

各 concept level で例えばフォントサイズを変えるようなスタイル調整ができる。そのようなスタイルは、concept スタイルを上書きするのではなく追加する。これを実践

するので、マインドマップは大きくなる。

すでに学んだ入れ子の子ノードを使い、フォントスタイルを追加する。次のようなコードになる。

```
\begin{tikzpicture}[
  mindmap,
  text = white,
  concept color = blue!50,
  nodes = {concept},
  root/.append style = {
    font = \Huge\sffamily\bfseries},
  level 1 concept/.append style =
    {font = \Large\sffamily, sibling angle=90},
  level 2 concept/.append style =
    {font = \normalsize\sffamily}
  ]
  \node [root] {TikZ} [clockwise from=0]
    child [concept color=blue] {
      node {Graphs} [clockwise from=90]
        child { node {Trees} }
        child { node {Mind maps} }
        child { node {DOT syntax} }
        child { node {Algorithms} }
    };
\end{tikzpicture}
```

結構難しい。波括弧が正しく閉じているか確認しなければならない。結果は次のようになる（図 6.14）。

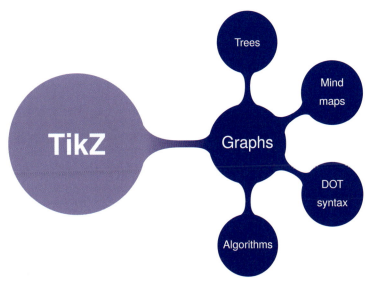

● 図 6.14　根と 2 つの層からなるマインドマップ

これは、覚えがあるだろう。本章のマインドマップだ。`mindmap` が裏で行う概念の色の変化にも気づいただろう。

デフォルトの `sibling angle` は 60 度だ。第 1 層では根ノードの右、下、左、上の子で 90 度にした。TikZ についてさらに可視化するためもっと子を宣言する。子の設定で調

6.3　マインドマップの作成　　63

整するのは、`concept color` と開始角度だけだ。

```
child [concept color=green] {
  node {Basics} [clockwise from=30]
    child { node {Drawing} }
    child { node {Colors} }
    child { node {Nodes} }
    child { node {Edges} }
    child { node {Styles} }
}
```

コードの全体は、GitHub と TikZ.org/TikZ.jp にある。最終的なマインドマップを次に示す（図 6.15）。

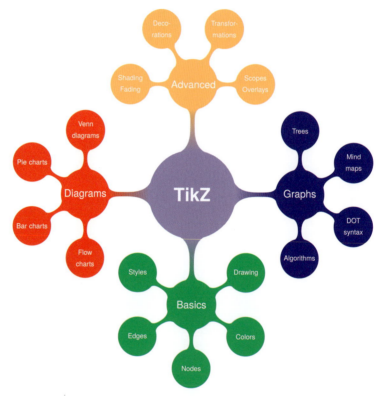

● 図 6.15　より広範囲のマインドマップのすべて

グラフには、木とマインドマップ以外にも多くの種類がある。次節では、より一般的なグラフを見ていく。また、新たな描画構文を学ぶ。

■■□ 6.4 □ グラフの作成

子ノードや辺の構文は長々しく、多数の波括弧で構文エラーになりやすい。TikZ は非常に簡潔なグラフ専用の構文を用意している。

これを使うには、次のコマンドで `graphs` ライブラリをロードする。

```
\usetikzlibrary{graphs}
```

これにより、`\graph` というコマンドが使えて、複雑なグラフでも短く指定できる。古典的な LaTeX のコンパイル処理を表した例でとりあえず示そう。

64　6. 木とグラフの描画

```
\begin{tikzpicture}[nodes = {text depth = 1ex,
    text height = 2ex}]
  \graph { tex -> dvi -> ps -> pdf };
\end{tikzpicture}
```

太字の `\graph` コマンドで次の図ができる（図 6.16）。

$$\text{tex} \longrightarrow \text{dvi} \longrightarrow \text{ps} \longrightarrow \text{pdf}$$

● **図 6.16**　簡単なグラフ

ノードのテキストにベースラインより下にデセンダのある文字 p が含まれているので、テキストの深さと高さを全ノードについて指定したことに注意しておこう。ノードによって大きさが違うので、こうしないと正しく整列しない可能性がある。

図 6.16 のコードは短く簡単で読みやすい。この構文は、DOT 言語から学んだ。DOT 言語は、オープンソースの **Graphviz** パッケージとともに開発され、人間にも読みやすい簡単なグラフの記述を行う。言い換えると、Ti*k*Z は Graphviz ユーザを歓迎しサポートするということだ。

基本的な規則を見ていこう。

テキストと `->` を並べると、テキストをノードとして間を矢印で結ぶ図 6.16 のようなノード連鎖と呼ばれるグラフができる。グラフには複数の連鎖が含まれるので、次のようにカンマかセミコロンで区切る。

```
\graph { tex -> dvi -> ps -> pdf,
        bib -> bbl,
        bbl -> dvi };
```

これは次のグラフになる（図 6.17）。

● **図 6.17**　グラフのノード連鎖

2 つの連鎖が 2 行になっており、第 3 の連鎖が既存のノードを結ぶので、矢印を追加している。

複数のノードや連鎖全体を波括弧でくくると、ノードグループや連鎖グループができる。そのようなグループの各ノードは、前後のノードと連結される。グループの中には、小さなグラフがあってもよい。次のような例を見よう。

```
\graph { tex -> {dvi, pdf } -> html };
```

これは、`dvi` と `pdf` をグループとして前後のノードと連結する（図 6.18）。

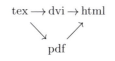

● **図 6.18**　ノードグループ

辺には次のような種類がある。

- `->`：右向き矢印
- `<-`：左向き矢印
- `<->`：両向き矢印
- `--`：矢印のない辺
- `-!-`：辺を置かない

通常の `edge` と同様に、これらの辺にも角括弧でオプションをつけられる。

これらを応用して、複雑なグラフを作ることができる。

次の課題は配置だ。特に、ノード間や層間の距離を変えたい場合に問題だ。`\graph` コマンドでは次のようなキーがある。

- `grow up, grow down, grow left, grow right`：連鎖で成長方向の隣のノードの中心との距離を設定できる。
- `branch up, branch down, branch left, branch right`：子の間、または隣の分岐との間の距離を設定できる。

次は、図 6.16 の連鎖のノード中心間の距離を 2 cm にしたものだ。

```
\graph [grow right = 2cm] { tex -> dvi -> ps -> pdf };
```

幅がずっと広がったグラフができる（図 6.19）。

tex ⟶ dvi ⟶ ps ⟶ pdf

● 図 6.19　グラフでノード間の距離

こうすると、辺にラベルをつけられる。`quotes` ライブラリを使うことを思い出そう。

```
\usetikzlibrary{quotes}
```

辺に角括弧でオプションとしてラベルをつけられる。

```
\graph [grow right = 2cm]
  { tex -> ["latex"] dvi
      -> ["dvips"] ps -> ["ps2pdf"] pdf };
```

ここでは、`every edge quotes` スタイルが使われている。そこで、`tikzpicture` 環境のオプションとして非常に小さいタイプライタ体のフォントを使うよう修正しよう。

```
every edge quotes/.style = {font=\tiny\ttfamily,
  above, inner sep = 0pt}]
```

グラフが、ラベル付きの辺になった（図 6.20）。

tex —latex→ dvi —dvips→ ps —ps2pdf→ pdf

● 図 6.20　辺にラベルのあるグラフ

もちろん、ラベルのほかにも、色や太さなどラベルと同様に角括弧でフォーマットオプションを追加できる。

今回の練習では、graphs 構文の全機能を紹介できなかった。コンピュータサイエンスや数学など、多数のグラフや巨大なグラフを使う場合には多数の辺やノードがあり、これが本当に役立つ。

TikZ は木やグラフのノードをうまく自動的に配置するが、配置にもっと柔軟性が欲しい場合もある。次節ではその効率的なやり方を示す。

6.5　行列型の要素配置

一般に、図式や描画は四角形の構造で、要素やテキストがグリッドと同じように上下左右に配置されている。TikZ では、そのような配置のために matrix ノードスタイルを提供する。次が非常に簡単な例だ。

```
\node[matrix,draw] {
  \node{A}; & \node{B}; & \node{C}; \\
  \node{D}; & \node{E}; & \node{F}; \\
};
```

これで、ノードを行列型のグリッドに配置した四角形のノードが得られる（図 6.21）。

● 図 6.21　簡単な行列型のノード

構文は LaTeX の array や tabular 環境と同じで、列は & で、行は \\ で区切られる。最後の行も \\ で終わらないといけないことに注意しよう。

行列の各セルにはノードか小さな図、あるいは空白が来る。TikZ は、コンテンツに合うようセルの大きさを自動調整する。

行列がノードなので、シェイプやスタイルのノードオプションを角括弧または丸括弧の名前で追加できる。

\node[matrix] と同じ意味の \matrix コマンドがあり、入力を短くできる。さらに便利なことに、TikZ には matrix ライブラリがあり、各セルを暗黙にノードとする matrix of nodes オプションが用意されている。それだと、セルにテキストを挿入するだけでよい。

まず、matrix ライブラリをプリアンブルでロードする。

```
\usetikzlibrary{matrix}
```

matrix of nodes オプションと \matrix コマンドで、図 6.21 のコードは、短く書きやすくなる。

```
\matrix[matrix of nodes, draw] {
  A & B & C \\
  D & E & F \\
};
```

最初のコード例では、いつものように \node コマンドに角括弧でシェイプなどのノードオプションを追加できるのが明らかだったが、この場合はどうだろうか。

行列型の全セルノードが同じスタイルでいいなら簡単だ。この場合は、本章のマインドマップでしたのと同じように nodes オプションを設定できる。

特定のセルに対してなら、縦棒でオプションをセルコンテンツの直前に挿入する。縦棒でくくられた内容がセルに対する暗黙の \node コマンドのオプションとして扱われる。

例えば、行列中の全ノードが circle シェイプで minimum width が 2 em だとし、最後のセルの色を赤にするなら、次のように書く。

```
\matrix [matrix of nodes, draw,
  nodes = {circle, draw, minimum width=2em} ] {
  A & B & C \\
  D & E & |[red]| F \\
};
```

図が次のように変わる（図 6.22）。

● 図 6.22　スタイルオプションを付けた行列型セルノード

図 6.22 では、セルがきっちりくっついている。行と列の間隔を次のように設定できる。

- `row sep`：行間
- `column sep`：列間

次の例で使うことにする。

matrix 機能を使えば、こういう便利な位置構文で図式を作ることができる。図 6.16 を修正して、TeX 入力と出力フォーマットを可視化し、全フォーマットを PDF に変換できると説明したいとしよう。PDF を 2 行目にして、矢印が変換を示すようにしよう。

まず、行列を作る。m という名前を丸括弧で与え、行と列とで矢印に間隔を開けることに注意。デセンダをもつ文字ともたない文字があるが、テキストの深さと高さを固定して、ベースラインで整列させる。

行列のコードが次のようになる。

```
\matrix (m) [matrix of nodes,
  row sep = 2em, column sep = 2em,
  nodes = {text depth = 1ex, text height = 2ex}
]
{
  tex & |(d)|dvi & ps \\
      & |(p)|pdf & \\
};
```

行列では、セルノードに、行列名、行、列に基づく暗黙の名前がある。行列名 (m) の 1 行 2 列のセルは (m-1-2) となる。矢印を追加するときに \draw コマンドでこの名前付けを使う。

```
\draw [-stealth]
  (m-1-1) edge (m-1-2)
  (m-1-2) edge (m-1-3)
  (m-1-1) edge (m-2-2)
  (m-1-2) edge (m-2-2)
  (m-1-3) edge (m-2-2)
```

```
    ;
```

このコードでは、選んだセル間に矢頭が `stealth` の辺を追加する。2つのコマンドを合わせると次の出力が得られる（図 6.23）。

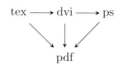

● **図 6.23**　矢印のある行列図式

この名前付けが気に入らなければ、自分なりの名前を付けられる。ノード名には縦棒を使える。ここで、`|(d)|dvi` と `|(p)|pdf` と書けば、次のように `(d)` と `(p)` という名前で参照できる。

```
\draw (d) -- (p);
```

これは図式が大きくなったり、前の番号付けを変えるようなセルの挿入がある場合に役立ち、コードが自分でも読みやすくなる。

個人的には、次の2ステップ方式を薦める。

1. `\matrix` コマンドで全ノードを配置する。
2. `\draw` コマンドでノードを矢印でつなげる。

14 章では、定義済みのスタイルを使い、自動化した方式で図式を生成する。

6.6　まとめ

本章では、情報を、木のような階層化構造で可視化する方法を学び、グラフや図式を作るための新たな短い構文についても学んだ。これまで学んだノード、辺、スタイルについてのことと組み合わせれば、図式を描くマスターになったといえる。

次章では、高度な描画技法をもっと学ぶ。

6.7　さらに学ぶために

木とグラフについて、`https://texdoc.org/pkg/tikz` にある PDF 形式の Ti*k*Z マニュアルに完全な参照がある。

本章の内容については、次のような節が関連する。

- *Part III, Section 21, Making Trees Grow*：基本の参照。オンラインリンクは `https://tikz.dev/tikz-trees`。*Part V, Section 76, Tree Library* は、`tree` ライブラリの説明。オンラインリンクは、`https://tikz.dev/library-trees`。
- *Part III, Section 19, Specifying Graphs*：`graphs` ライブラリの説明。オンラインリンクは `https://tikz.dev/tikz-graphs`。*Part IV, Graph Drawing* は Ti*k*Z が計算する配置を含めてアルゴリズム的グラフ描画を包括的に説明している。オンラインリンクは `https://tikz.dev/gd`。
- *Part III, Section 20, Matrices and Alignment*：基本行列機能の説明。オンラインリンクは `https://tikz.dev/tikz-matrices`。*Part V, Section 59, Matrix*

Library は、`matrix of nodes` のような追加スタイルについての参照。オンラインリンクは `https://tikz.dev/library-matrix`。

オンラインの TikZ ギャラリーには興味深い例がソースコードとともに提供されている。

- `https://tikz.net/tag/trees`：科学分野での木の例。
- `https://texample.net/tikz/examples/feature/trees`：TikZ での木の例
- `https://texample.net/tikz/examples/tag/mindmaps`：マインドマップの様々な例
- `https://texample.net/tikz/examples/feature/matrices`：行列の例のコレクション

LaTeX Cookbook には、木とマインドマップの例がある。`https://latex-cookbook.net` で説明を読むことができる。

第7章

塗りつぶし、クリッピング、シェーディング

今から本書の第2部に入り、高度な描画技法を学ぶ。

第1部の各章では、パス、幾何的オブジェクト、ノードや辺などのパス要素の描き方を学んだ。本章では、パスで囲まれた領域について、塗りつぶしやクリッピングを行う。

詳しくは次のようなテーマを取り上げる。

- 領域の塗りつぶし
- パスの内部を理解
- 描画のクリッピング
- 逆クリッピング
- 領域のシェーディング

本章を終えたら、カラーリングとクリッピングに習熟して、自己交差パスと非連結パスセグメントという2つの方法で領域を定義する方法がわかるようになる。

7.1 技術要件

`https://tikz.jp/chapter-07` にあるコードを扱う。TikZ パッケージのあるローカルな LaTeX 環境がなくても Overleaf が使える。

コード例は `https://github.com/PacktPublishing/LaTeX-graphics-with-TikZ/tree/main/07-filling-clipping-shading` の GitHub にもある。

本章では、`shadings` ライブラリを使う。

7.2 領域の塗りつぶし

これまでの章で `fill` オプションを使ってきた。今回は、塗りつぶしを詳しく見ていく。これまでは、例えば、`\node[fill]` や `\draw[fill]` のようにノードシェイプや簡単な幾何的領域を塗りつぶした。次のようなコマンドエイリアスがある。

- `\fill`：`\path[fill]` と同じ。縁取りを描かないで塗りつぶすのに使う。
- `\filldraw`：`\path[draw,fill]` と `\draw[fill]` と同じ。縁取りを描く。

両コマンドとも色のオプションがあり、黄色で塗りつぶすなら `\fill[yellow]`、縁取りを赤にするなら `\filldraw[fill=yellow,draw=red]` とする。

ある領域をパスが取り囲むなら、最後の座標を最初の座標に結んでパスを閉じ、領域を塗りつぶす。もちろん、最後の座標を最初と同じ座標にして自分でパスを閉じてもよい。パスのコードに `-- cycle` という短い文を追加しても開始点と最後に結ぶという意味で同じことができる。次節ではそうする。

ノードシェイプや簡単な幾何図形では、TikZ がしなければならないことは明らかだ。しかし、複雑なパスでは作業は困難だ。例えば、パスには複数の直線、弧、円がある。連結されることも、接触していることもあれば、交差していることもある。TikZ は、塗りつぶ

すべき領域内部はどこで、どこが外部領域かを決める必要がある。

パスが複数の領域を作ったとすると、1つの領域が別の領域に含まれることもあれば、2つの領域が重なることもある。そのような場合、何が塗りつぶす内部で何が外部かについて、見解が異なることもある。

次節では、複雑なパスの内部について検討し、塗りつぶしコマンドをそれらに適用してみよう。

7.3　パスの内部を理解

パスは、円や凸多角形より複雑なことがある。次の3つの例を見よう（図7.1）。

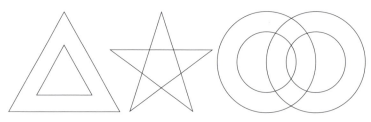

● 図 7.1　様々なパス

図7.1に色を塗るには、次のような様々な質問が生じる。

- 三角形では、内側の三角形を内部とするか外部とするかだ。大きい三角形全体を塗るか、両者の間だけを塗るか。
- 星は全体を塗るか、尖端部分だけを塗るか。
- 複数の円からなるパスでは、小さな部分を塗るのか。

本節では、このような問いに答える手助けをする。第3の問いについては、次節7.4でツールを提供する。

様々な領域を選択して色を塗るために、TikZは、コンピュータグラフィックスで使われている2つの異なる内部判定規則を実装している。まずそれらについて述べよう。

7.3.1　ノンゼロワインディング規則

閉じたパスがあるとする。当然、パスには始点から終点への方向がある。ある点がパス領域の内部にあるのか外部にあるのかを考える。自分がその点に立っているとして、今いるところから、パスに向けてまっすぐ歩いて行き、少なくとも一度越えたとする。

- パスを越えたときパスが左からきていたとする。さらに進んでパスをまた越えたが、今度は右からパスがきていたとする。これは、パスの内部に入って、出たということで、外部にあったことになる。
- パスを一度越えて、二度と越えない場合、パスの内部にいたことになる。

次の図がここで述べたことを示す（図7.2）。次のコードでできた三角形を考えていた。

```
\path (90:2) -- (210:2) -- (330:2) -- cycle;
```

説明のために、方向を示す矢印を表示させ、2つの点を選んだ。

内外を複数回出入りすることも可能だ。次のコードで作ったパスでの状況を考えよう。

```
\path (150:1) --   (210:2)  --   (330:2)
   --   (30:1)  --   (0,-0.5) --   cycle;
```

● 図 7.2　内部の点と外部の点

今回も 2 つの点を考えよう（図 7.3）。

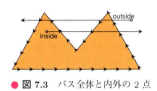

● 図 7.3　パス全体と内外の 2 点

図 7.2 と同じようにするが、今回はパスを何回も越えることに注意しよう。外部の点から進む場合は左からのパスと右からのパスを横切る回数が同じだけある。内部の点から進む場合は、そうならない。

そのような歩行をもっと数学的に記述できる。例えばいずれかの方向へ無限に伸びる光線を考える。光線が何回パスを越えるかを数え、その際のパスの方向も考える。回数を 0 から数える。

次のような方法でパスの内外を判定することができる。

- 光線がパスを越えなかったら、値は 0 である。パスは閉じているので、点が内部ならパスを越えなければならない。0 は、点が外部にあることを意味する。
- 光線がパスを越えるとき、パスの方向を考える。
  - パスが左から右なら、1 を足す
  - パスが右から左なら、1 を引く
- 最終値が 0 なら、点は外部にある。
- 最終値が 0 でないなら、点は内部にある。

これが、ノンゼロという名前の由来だ。これまでやったことをざっと確認しよう。

- 図 7.2 では外部の点で $1 - 1 = 0$、内部の点で -1
- 図 7.3 では外部の点で $1 - 1 + 1 - 1 = 0$、内部の点で $-1 + 1 - 1 = -1$

両方の図で、値が 0 でない点は内部だからオレンジに塗られる。

いくつもパスの線がある場合、パスの方向によって結果が変わることがある。方向決めによって、塗りつぶしの制御がもっとできるようになる。

次のパスを例に取り上げよう。

```
\path (90:2) -- (210:2) -- (330:2) -- cycle
      (90:1) -- (210:1) -- (330:1) -- cycle;
```

入れ子になった 2 つの三角形を描いた。2 つの三角形のパスの方向は次の図 7.4 にあるように同じだ。

7.3　パスの内部を理解　73

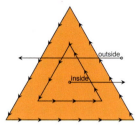

● 図 7.4　2つの部分からなるパスの塗りつぶし

ノンゼロワインディング規則から、内部の点は $-1-1=-2$ で、0ではない。外部の点は $1+1-1-1=0$ となり、大きな三角形の領域全体が内部として塗りつぶされる。

小さな三角形のパスの方向を変えたらどうなるだろうか（図7.5）。

```
\path (90:2) -- (210:2) -- (330:2) -- cycle
      (90:1) -- (330:1) -- (210:1) -- cycle;
```

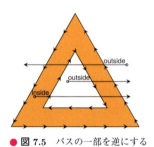

● 図 7.5　パスの一部を逆にする

同様に計算する。

大きな三角形の右にある点は、$1-1+1-1=0$ だ。小さな三角の内部の点は $1-1=0$ だ。規則によって、これは外部となる。

2つの三角形に挟まれた点は $1+1-1=1$ で、0ではない。したがって塗りつぶされる内部領域は、外側の三角形と内側の三角形の間の領域だ。

図7.4と図7.5の方式はどちらも納得できる。パスの方向を選ぶことで、柔軟に塗りつぶしができる。

2番めの方式に決めたら、パス塗りつぶしのコードは次のようになる。

```
\fill[orange]
    (90:2) -- (210:2) -- (330:2) -- cycle
    (90:1) -- (330:1) -- (210:1) -- cycle;
```

結果は、境界が三角形の塗りつぶされた領域だ（図7.6）。

● 図 7.6　三角形の間で塗りつぶされた領域

ノンゼロワインディング規則は `\fill[orange, nonzero rule]` のように選ぶこと

7.3.2 偶奇規則

今度も、点がパスで囲まれた領域の内側か外側かをその点から無限遠に伸びる光線で考える。

今回は驚異的に簡単な方式だ。

- 何回パスを越えるかを数える。
- 総数が偶数なら、点は外部だ。
- 総数が奇数なら、点は内部だ。

この決定方式により、この方式は偶奇規則と呼ばれる。

この規則では、図7.2、7.3、7.5で同じ結果になる。図7.4の結果だけは得られない。このような三角形の配置では、常に図7.5の結果になる。それは、この方式がパスの方向を考えていないためだ。

この規則はデフォルトではないので、明示的に設定する必要がある。図7.6のコードは次のようになる。

```
\fill[orange, even odd rule]
  (90:2) -- (210:2) -- (330:2) -- cycle
  (90:1) -- (330:1) -- (210:1) -- cycle;
```

もちろん、TikZの図全体で次のようにオプションを設定できる。

```
\begin{tikzpicture}[even odd rule]
```

この規則では塗りつぶされる領域と塗りつぶされない領域が交互に続くことになる。言い換えると、どのような2つの隣接部分領域も、片方が塗りつぶされ、もう片方が塗りつぶされていない。それも自然に期待される結果だ。

7.3.3 ノンゼロワインディング規則と偶奇規則の比較

どちらを使うべきかを決定するために塗りつぶし規則を比較しよう。

偶奇規則の利点は次のようなものだ。

- 描画においてわかりやすくて確かめやすい。
- パスの方向と描画順序にかかわらず、結果は同じになる。
- 領域に穴を開けるには、セグメントを追加するだけでよい。

ノンゼロワインディング規則の利点は次のようなものだ。

- 柔軟性がある。一部のパスの方向を変えると結果が変わる。
- 隣接した領域を両方塗る、あるいは両方塗らないことができる。
- パスセグメントを越えても、隣接領域が主領域の外部領域になるとは限らないので、領域を塗りつぶすパスセグメントが少なくて済むことがある。

最後の点を説明しよう。星形のパスを考える。

```
\path (90:1) -- (234:1) -- (18:1)
   -- (162:1) -- (306:1) -- cycle;
```

このパスは次のようになる（図7.7）。

ここで、この星を空色で塗ろう。デフォルトのnonzero ruleでは、\path to

●図 **7.7** 星型のパス

\fill[blue!50] と変えるだけでよい。even odd rule では、\path to \fill[blue!50, even odd rule] と変える。

次の図のように、両方の結果を比較しよう（図 7.8）。

●図 **7.8** 左がノンゼロワインディング規則、右が偶奇規則

even odd rule では隣り合う領域が同じ色になれないことはわかっている。even odd rule でこの問題を解決するには、非交差線で星を作ることだ。5 個の座標ではなく 10 個の座標を使わないといけない。練習問題としてやってみてもよいし、本書のウェブサイトか GitHub でコードを調べることもできる。

このような理由と柔軟性で、nonzero rule がデフォルトになっている。それは **SVG**（Scalable Vector Graphics）形式のデフォルトの塗りつぶし規則でもある。

本節では、パスで囲まれた領域を色で塗りつぶした。領域を使って、描画の一部を制限したり、切り出したりもできる。クリッピングと呼ばれるその操作が次のテーマだ。

7.4　描画のクリッピング

クリッピングは、描画やパスから一部を切り取ることだ。言い換えると、画像をクリッピング領域やクリッピングパスと呼ばれる特定の領域に制限する。クリッピング領域は、四角形、円、その他任意のパスでもよい。

まず、簡単な例を示す。図 7.6 の塗りつぶした三角形の端を切り落とす。次のような円でクリッピングする（図 7.9）。

●図 **7.9** 三角形をクリッピングする円

まず、クリッピングパスを定義する。

```
\clip (0,0) circle (1.5);
```

次に、描画に進む。

76　7. **塗りつぶし、クリッピング、シェーディング**

```
\fill[orange] (90:2) -- (210:2) -- (330:2) -- cycle
              (90:1) -- (330:1) -- (210:1) -- cycle;
```

結果は期待通りに次の画像になる（図 7.10）。

● 図 **7.10** 　クリッピングした三角形

`fill` 同様、`clip` はコマンドとしてもオプションとしても使える。

- `\clip` は `\path[clip]` に等しい。何も描画せずにクリッピングパスを宣言する。
- `\draw[clip]` は `\path[draw, clip]` に等しい。パスを描いて、それをクリッピングパスと定義する。

複数のクリッピングパスを指定して足し合わせる、つまり、すべてで描画を制限し、共通部分で決めることができる（図 7.11）。

クリッピングを止めて、クリッピング領域外の要素を図に描くには、次のように、クリッピングのスコープを使う。

```
\begin{scope}
  \clip (0,0) circle (1.5);
  \draw ...
\end{scope}
\draw ...
```

スコープが閉じれば、クリッピングの制限が解除される。

クリッピング領域はクリッピングパスの内部だ。前節で学んだように内部は別の規則で選ばれる。`\clip` コマンドそのものは内部規則のオプションを受け付けない。しかし、`scope` 環境で `\clip` へのオプションとして次のように内部規則を指定できる。

```
\begin{scope}[even odd rule]
```

このオプションを TikZ の図全体に定義することもできる。`scope` 環境は必要なく、いつものようにできる。

```
\begin{tikzpicture}[even odd rule]
```

これを図 7.1 の複数の円の例に適用しよう。課題は、次の図 7.11 に示す小さな部分を塗りつぶすことだ。

2 つのリングがある。左のリングをクリッピングパスに使い、右のリングを描く。長方形を追加して、上半分に制限して下にある同じようなセグメントには色を塗らない。

リングに次のように色を塗る。

```
\fill[red!70] (-1,0) circle (1.2) (-1,0) circle (2);
\fill[red!70]  (1,0) circle (1.2)  (1,0) circle (2);
```

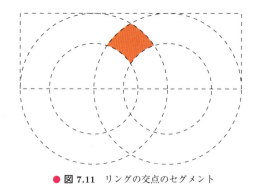

● 図 7.11　リングの交点のセグメント

結果は次の図になる（図 7.12）。

● 図 7.12　ノンゼロ規則で塗ったリング

残念ながら、これは欲しいものではない。デフォルトの nonzero rule では、リングで囲まれた全体が塗りつぶされる。図全体を even odd rule に切り替えよう。

```
\begin{tikzpicture}[even odd rule]
  \fill[red!70] (-1,0) circle (1.2) (-1,0) circle (2);
  \fill[red!70]  (1,0) circle (1.2)  (1,0) circle (2);
\end{tikzpicture}
```

出力は目標に近くなる（図 7.13）。

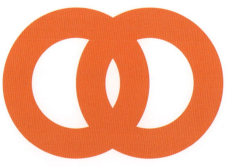

● 図 7.13　3 リングの塗りつぶし

2 つの \fill コマンドの前に、次の行を挿入して長方形でクリッピングしておく。

```
\clip (-3,0) rectangle (3,2);
```

上の部分がクリッピングされた。クリッピングパスを示すために、長方形を破線で示す

78　7. 塗りつぶし、クリッピング、シェーディング

● 図 7.14　リングのクリッピング

（図 7.14）。

次に、両方のリングを塗りつぶすのではなく、左のリングをクリッピングパスにして、右のリングに色を塗る。図のためのコードは次のようになる。

```
\begin{tikzpicture}[even odd rule]
  \clip (-3,0) rectangle (3,2);
  \clip (-1,0) circle (1.2) (-1,0) circle (2);
  \fill[red!70] (1,0) circle (1.2) (1,0) circle (2);
\end{tikzpicture}
```

最終的なクリッピングの結果は次の図形になる（図 7.15）。

● 図 7.15　リングのクリッピングされたセグメント

正しい領域を塗りつぶせたか図 7.11 で確かめよう。このクリッピングでは、クリッピング領域決定に `even odd rule` を使った。

次節では、交差するリングの別の領域を塗る方法を示す。

7.5　逆クリッピング

時々は、クリッピングの逆、クリッピング領域外のすべてを切り捨てるのではなく、領域内の一部分だけを切り捨てたいことがある。

まず、通常のクリッピングを見てみよう。今回は、次の図 7.16 のように図 7.11 の交差するリングの別のセグメントに色を塗る。

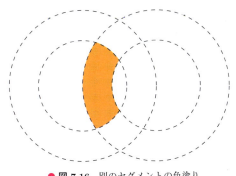

● 図 7.16　別のセグメントの色塗り

コードはこれまで学んだことの練習問題となる。左の小さな円をクリッピングパスとして、右のリングを描く。次のようになる。

7.5　逆クリッピング　79

```
\begin{tikzpicture}[even odd rule]
  \clip (-1,0) circle (1.2);
  \fill[orange] (1,0) circle (1.2) (1,0) circle (2);
\end{tikzpicture}
```

次の課題として、右のリングの残りの部分を次のように塗ることにしよう（図 7.17）。

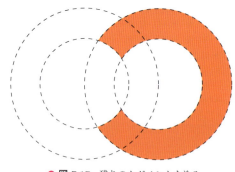

● **図 7.17** 残りのセグメントを塗る

スコープでクリッピング効果を制限する練習として、クリッピングを使い、同じ図のセグメントの色を塗り、リングに点線を引く。

この解法のポイントは、小さな円でクリッピングするのではなく、領域内の円を囲んだ部分をクリッピングパスにして、残りの描画部分を覆うことだ。そこで次のように、大きな長方形から円をくり抜いた部分をクリッピング領域にする（図 7.18）。

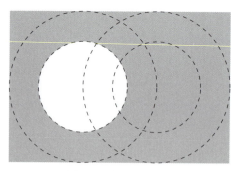

● **図 7.18** 逆クリッピング領域

灰色の新たなクリッピング領域は、左の小さな円の外部になっている。灰色の領域でクリッピングすると、右のリングの一部を正しく切り捨て、残りを塗ることができる。

練習としたコードは次のようになる。逆クリッピングの部分を太字にしてある。

```
\begin{tikzpicture}[even odd rule]
  \begin{scope}
    \clip (-1,0) circle (1.2);
    \fill[orange] (1,0) circle (1.2) (1,0) circle (2);
  \end{scope}
  \begin{scope}
    \clip (-1,0) circle (1.2)
          (-3,-2) rectangle (3,2);
    \fill[red!70] (1,0) circle (1.2) (1,0) circle (2);
  \end{scope}
  \draw[dashed] (-1,0) circle (1.2) (-1,0) circle (2);
```

```
    \draw[dashed]  (1,0) circle (1.2)  (1,0) circle (2);
\end{tikzpicture}
```

このコードでは次のようになる（図 7.19）。

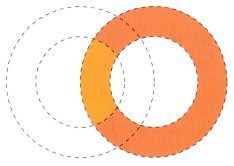

● 図 7.19　リングの塗り分けられたセグメント

赤い領域が逆クリッピングされた領域で、左の小円に含まれない右のリング部分だ。リングから縁の部分が切り出されている。

逆クリッピングパスのために、合致するサイズの長方形を使った。画像の最終的な大きさがはっきりしない場合には、巨大な長方形で何もかも含めてもよい。しかし、クリッピングパスは、計算の境界範囲とも考えられる。あまりに大きくしすぎると、不必要な余白ができる。一つの解決法は、\clip に overlay オプションを追加して、パスを境界の大きさから無視されるようにすることだ。先ほどの例では次のように書く。

```
\clip[overlay] (-1,0) circle (1.2)
               (-20,-20) rectangle (30,20);
```

9 章で、overlay オプションやレイヤー一般についてさらに学ぶ。

これまでは、領域を一様に塗りつぶしてきた。次節では、ファンシーな塗り方を学ぶ。

7.6　領域のシェーディング

領域を 1 つの色で塗りつぶさずに、複数の色を使い変えていくことができる。TikZ では、shade アクションで、なめらかな色の変化を様々な方法で行える。

fill 同様、shade はコマンドとしてもオプションとしても使える。

- \shade は \path[shade] と同じである。縁取りせずにシェーディングする。
- \shadedraw は \path[draw, shade] や \draw[shade] と同じである。シェーディングして縁取りを描く。

この後では複数のシェーディングスタイルを取り上げる。axis、radial、ball という最初の 3 つは TikZ にデフォルトで含まれる。他のシェーディングを使うには、プリアンブルで \usetikzlibrary{shadings} として対応ライブラリをロードする。

スタイルを明示的に選ばなくてもいいことがよくある。使っている色のオプションに応じて TikZ が自動的に決めるが、直感にかなったものであることが多い。

適当に選んだ色を使った例を見ていこう。

7.6.1　軸シェーディング

軸シェーディングは、上下、左右、あるいは任意の角度での線形シェーディングだ。

次のコマンドは、top に赤、bottom に黄色のなだらかに色が変わる正方形を描く。

```
\shadedraw [top color=red, bottom color=yellow]
    (0,0) rectangle (1,1);
```

次のコマンドは、left に赤、right に黄色のなだらかに色が変わる正方形を描く。

```
\shadedraw [left color=red, right color=yellow]
    (1.5,0) rectangle (2.5,1);
```

出力は次のようになる（図 7.20）。

● **図 7.20** シェーディングした正方形

今度は、前の三角形に 30 度の反時計回りで、シェーディングを適用してみよう。

```
\shade[top color=red, bottom color=yellow,
    shading angle=30]
    (90:2) -- (210:2) -- (330:2) -- cycle
    (90:1) -- (330:1) -- (210:1) -- cycle;
```

これは次のようになる（図 7.21）。

● **図 7.21** 回転シェーディングによる三角形

これは、塗りつぶしと同じ内部規則でシェーディングできることを示している。

描画に 3D 風の効果を与えるのにも使える。例えば、おおまかに光線の影響を見積もって 3 つの領域をシェーディングできる。

```
\shade[left color=black!60, right color=black!10]
    (0,0,0) -- (1,0,0)  -- (1,1,0)  -- (0,1,0);
\shade[left color=black!10, right color=black!80]
    (1,0,0) -- (1,0,-1) -- (1,1,-1) -- (1,1,0);
\shade[bottom color=black!10, top color=black!80]
    (0,1,0) -- (0,1,-1) -- (1,1,-1) -- (1,1,0);
```

これは、立方体のような見かけを与える（図 7.22）。

● **図 7.22** 立方体シェーディング

角を丸くして、上から下へシェーディングされた長方形を使えば、3Dのボタンを図中に作ることもできる。

オプションとして、中央の色を指定することもできる。中央の色は自動的に内挿されるが、上書きしたければ、他の色を指定できる。すると、次の正方形の例でわかるように、3つの色の間をなめらかに変える。

```
\shadedraw [left color= black, right color=red,
  middle color=white]  (0,0)   rectangle (1,1);
\shadedraw [bottom color=black, top color=blue,
  middle color=orange] (1.5,0) rectangle (2.5,1);
```

この2つのコマンドで次のように正方形に色が塗られる（図7.23）。

● 図 7.23　中央の色がある軸シェーディング

色を左右上下あるいは中央と選んだ場合、`shading=axis`スタイルが使われる。そう設定することもできるが、そうしなければいけないわけでもない。

TikZは前章のマインドマップで、概念間で色をシェーディングで変化させていた。

7.6.2　放射シェーディング

シェーディングを領域の内側から外側にすることができる。一番よいのはこのように円の場合だ。

```
\shade[inner color=yellow, outer color=red]
  (0,0) circle (1);
```

これは次のような円になる（図7.24）。

● 図 7.24　放射シェーディング

この場合もTikZが内側と外側の色を認識して、`shading=radial`をデフォルトで設定する。

このハイライト効果を中心から他へ動かしたいなら、別のサイズの円でシェーディングして、望みの円にクリッピングで与えることができる。

7.6.3　ボールシェーディング

`ball color`を設定すると、TikZは`shading=ball`として、あたかも光がボールに当たっているかのように明るい色から暗い色へと変化させる。これは3D効果をもたらす。

赤、緑、青のボールを作ろう。

```
\shade[ball color=red]   (0,0)   circle (1);
\shade[ball color=green] (2.5,0) circle (1);
\shade[ball color=blue]  (5,0)   circle (1);
```

7.6　領域のシェーディング　　83

● 図 7.25　ボールシェーディング、左から右へ赤、緑、青

出力は次のようになる（図 7.25）。

2 章では以前、スマイリーの描画で頭と目にボールシェーディングを使った。

この後の種類のシェーディングでは、`\usetikzlibrary{shadings}`が必要だ。

7.6.4　双線形補間

コンピュータグラフィックスでは、色の双線形（バイリニア）補間に、4 つの最も近いピクセル色値の平均を使う。つまり、長方形の各隅に選んだ 4 色があり、領域内の各点はこの 4 色の間で内挿された色になる

例を見るのがわかりやすい。4 隅の色値を定義して、TikZ に内挿させる。

```
\shade[upper left=green, upper right=blue,
       lower left=red,   lower right=yellow]
      (0,0) rectangle (1,1);
```

出力は次のようになる（図 7.26）。

● 図 7.26　双線形補間シェーディング

この場合も、広大な領域でシェーディングして、必要なところをクリッピングできる。

7.6.5　カラーホイール

これは定義済みの円状のシェーディングだ。先に進む前に少しばかり色モデルについて述べよう。

コンピュータグラフィックスでは複数の異なる色モデルがある。CMYK はその一つでシアン、マゼンタ、黄、黒の 4 基本色からなる。印刷によく用いられる。白紙から始まり、色を重ねて反射光を減らす。そのため減色モデルと呼ばれる。すべての色を全彩度で合わせると黒になる。

RGB（赤緑青）モデルはモニタに用いられる光の色だ。光を合わせるとより明るくなり、強い色はより多くの光量を意味する。最大強度では、基本赤緑青を合わせると白色になる。これは加色モデルだ。

これは次のカラーホイールを見るのに役立つ。このシェーディングは RGB カラーホイールを作る。

```
\shade[shading=color wheel] (0,0) circle (1);
```

前置きはこれくらいで、出力は次のようになる（図 7.27）。

これまでの説明から色細片の明るさの違いの理由がわかるだろう。

前のリングにカラーホイールシェーディングを行うと、RGB 色相環が得られる。

```
\shade[shading=color wheel, even odd rule]
      (1,0) circle (1.2) (1,0) circle (2);
```

● 図 7.27　カラーホイールシェーディング

次の図になる（図 7.28）。

● 図 7.28　色相環

シェイプは円でなくてもよい。3 原色なので、三角形の例に使うのは自然だ。

```
\shade[shading=color wheel]
    (90:2) -- (210:2) -- (330:2);
```

色の三角形は次のようになる（図 7.29）。

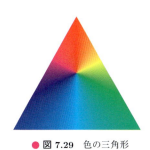

● 図 7.29　色の三角形

ほかにオプションはないが、このシェーディングには 2 つの変種がある。第 1 は中心が白ではなく黒だ。

```
\shade[shading=color wheel black center] (0,0) circle (1);
```

これは次のようになる（図 7.30）。

● 図 7.30　中心が黒のカラーホイール

次は中心が白だ。

7.6　領域のシェーディング　　85

```
\shade[shading=color wheel white center] (0,0) circle (1);
```

次のようになる（図 7.31）。

● 図 7.31　中心が白のカラーホイール

目的に応じて選ぶことができる。

7.7　まとめ

本章では課題がたくさんあったが終了できたので、描画において色を塗ったり内挿したりするときに、領域を定義したり制限したりする方法がわかったはずだ。

次章では、描画がわかりやすいというよりは高度になるが、ファンシーにもなる。

7.8　さらに学ぶために

https://texdoc.org/pkg/tikz にある Ti*k*Z マニュアルでは、次のような節が関連する。

- *Part III, Section 15, Actions on Paths*：塗りつぶし、クリッピング、シェーディングを扱い、内部規則を簡潔に説明する。オンラインリンクは https://tikz.dev/tikz-actions。
- *Part V, Section 69, Shadings Library*：常に定義されているシェーディングと追加シェーディングのリファレンス。オンラインリンクは https://tikz.dev/library-shadings。*Part Ix, Section 114, Shadings* は、シェーディングの背後のバックエンドプログラミングを説明しており、ボールシェーディングで違う光線をハイライトに使いたい場合のように自分専用のシェーディングを作るのに役立つ。オンラインリンクは https://tikz.dev/base-shadings。
- **W3C**（World Wide Web Consortium）による https://www.w3.org/TR/SVG/painting.html#WindingRule ページは、SVG 規格の見地からノンゼロワインディング規則と偶奇規則とを記述する。
- https://tikz.net と https://texample.net/tikz/examples の Ti*k*Z ギャラリーでは、fading、clipping、shading というキーワードで多数の例が見つかる。

第8章

パスの豊かな表現

これまで、直線、曲線、様々なシェイプ、テキストからなるパスで描画してきた。TikZ にはパスをもっとファンシーにするツールが用意されている。少しのオプションで、パスに凸凹や波のような動きを加えたり、ジグザグに変えたりすることができる。矢印のようなマーカーを加えたり、テキストをパスに沿って流し込むことができる。

本章では次のようなテーマを扱う。

- パスを複数回使うための事前および事後アクション
- デコレーションの理解
- デコレーションコマンド、オプション、ライブラリの種類
- 利用可能なデコレーションタイプ
- デコレーションの調整
- 入れ子のデコレーション

本章のツールを学んだら、描画にファンシーな細かい修飾ができたり、波括弧、マーカー、くねくねしたテキストを科学的な図に追加する方法がわかるようになる。

8.1 技術要件

全コード例は https://tikz.jp/chapter-08 にある。https://github.com/PacktPublishing/LaTeX-graphics-with-TikZ/tree/main/08-decorating-paths の GitHub からコードをダウンロードできる。

本章では、decorations ライブラリを使う。具体的にあげると、decorations.pathmorphing、decorations.pathreplacing、decorations.text、decorations.markings、decorations.shapes、decorations.fractals サブライブラリをロードする。

本章には多数の例が掲載されている。よって、コードのスニペットだけやコマンド 1 つだけを示すことも多い。完全な例題を調べたりコードを実行するには、TikZ.org/TikZ.jp の本章のページに行くとよい。

8.2 パスを複数回使うための事前および事後アクション

任意の複雑なパスを複数回使うことができる。TikZ は座標を何度も繰り返さなくて済む方法を提供する。

前章の図 7.2 のパスを取り上げよう。

```
\draw[orange, line width=3mm]
  (90:2) -- (210:2) -- (330:2) -- cycle;
```

これはオレンジ色の三角形だ(図 8.1)。

美しいストライプができるようにこのパスを何回か色と線幅を変えて描きたいとする。素直な方法は、コマンドを次のように繰り返すことだ。

● 図 8.1　簡単な三角形のパス

```
\draw[red, line width=5mm]
   (90:2) -- (210:2) -- (330:2) -- cycle;
\draw[orange, line width=3mm]
   (90:2) -- (210:2) -- (330:2) -- cycle;
\draw[yellow, line width=1mm]
   (90:2) -- (210:2) -- (330:2) -- cycle;
```

この 3 コマンドで、赤、オレンジ、黄が混ざった次の三角形ができる（図 8.2）。

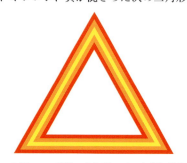

● 図 8.2　複数の色と幅でパスを繰り返す

Ti*k*Z では、パスのオプションとして、パスを描く前後にその同じパスに対する追加アクションを指定できる。追加アクションとそのオプションを次のように preaction と postaction として指定できる。

```
\draw[orange, line width=3mm,
  preaction  = {draw, red,    line width=5mm},
  postaction = {draw, yellow, line width=1mm}]
   (90:2) -- (210:2) -- (330:2) -- cycle;
```

これはパスをまず赤、次にオレンジ、最後に黄と、幅を変えて描き、上書き効果が得られる。図 8.2 と同じ効果で、とても短く書ける。

複数の preaction と postaction を使える。それらはコードの順番に応じて適用される。

本章では、パスに基づいたデコレーションを作ってパスに追加する。preaction と postaction で使う。以降の節でもこれらのオプションを使う。

8.3　デコレーションの理解

Ti*k*Z の構文はかなり冗長だ。特に、デコレーションではそうだ。矢頭をパスに追加するのでも文字が多くなる。Ti*k*Z のデコレーションで何ができるかを示すよい例なので、使ってみよう。

矢印を $(0,0)$ から $(2,0)$ に引く。次のコードでできる。

```
\draw[-stealth] (0,0) -- (2,0);
```

パスの終点で矢頭がある。しかし、矢頭をパスの途中にもつけたいとする。まず、ライブラリをロードしないといけない。

```
\usetikzlibrary{decorations.markings}
```

そして、`postaction` で `decorate` オプションを選ぶが、`decoration` タイプを `markings`、ステップを 0.2 と 1 の間で刻みが 0.2 とする。

```
\draw[-stealth, postaction = decorate,
  decoration = {markings,
  mark = between positions 0.2 and 1 step 0.2
  with {\arrow{stealth}}}]
    (0,0) -- (2,0)
```

構文については後の 8.4.4 項で説明する。今のところは、`decoration` の効果を見たい。それは次の図のようになる（図 8.3）。

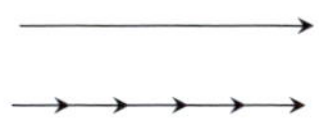

● 図 8.3 `decoration` のある矢印とない矢印

次のような任意のパスにも使える。

```
\draw[-stealth, postaction=decorate,
  decoration = {markings, mark = between positions 0.1
  and 1 step 0.1 with {\arrow{stealth}}}]
    (0,0) arc(180:0:1) arc(-180:0:1);
```

これは次のような弧の矢印になる（図 8.4）。

● 図 8.4 曲線のパスに沿った矢印マーキング

デコレーションはパスへの追加とすることが多いが、パスの変更または置き換えになることもある。

デコレーションの別の宣言方法もある。簡単なジグザグのパスを選んで、宣言方法を見よう。

図 4.1 では、2 つのノード (tex) と (pdf) の間に直線矢印を引いた。デコレーションで変えられる。次の 2 つが必要になる。

● `decorate` オプションを指定する。
● `decoration` タイプを宣言する。追加オプション値を含めることができて、その場合には波括弧でくくる。これは後の例ででてくる。

パスの上書きではなく変更なので `preaction` や `postaction` を使わないことに注意。TikZ はこれをパスモーフィングと呼ぶ。

パスのデコレーションの基本構文は次のようになる。

```
\draw[decorate, decoration=zigzag, ->] (tex) -- (pdf);
```

ここで、デコレーションは始点から終点までのパス全域に適用される。次の図になるが、図 4.1 と比較できる（図 8.5）。

● 図 8.5　ジグザグの矢印

2 番めの方法は `decorate` をパス内部の演算として使うことだ。そうすると、デコレーションを波括弧でくくられたパスの一部だけに制限できる。

```
\draw[->] decorate[decoration=zigzag] {(tex) -- (pdf)};
```

さらに、`decorate` 演算では 1 つのパスに複数のデコレーションを追加できる。8.5 節でそれを使う。

Ti*k*Z の図において 1 つのデコレーションタイプだけを複数回使うなら、次のように、図全体のオプションとして `decoration` タイプを追加できる。

```
\begin{tikzpicture}[decoration=zigzag]
  \draw[decorate, ->] (tex) -- (pdf);
\end{tikzpicture}
```

図 8.3 のようにデコレーションに長いオプションがある場合は役立つ。

これらのオプションを辺に使うこともできる。辺がそれ自体のオプションをもつパスであることを思いだそう。次のように書ける。

```
\draw (tex) edge[->, decorate, decoration=zigzag] (pdf);
```

次節では、どんなデコレーションが使えるかを見る。

8.4　利用可能なデコレーションタイプ

Ti*k*Z には、パスのモーフィングと呼ばれる、パスを変えるデコレーションがある。これが次のテーマだ。

他のデコレーションにはパスを記号で置き換えるものがあり、後で見ていく。

まとめて比較しやすいように、複数のパスの描画を 1 つの図にまとめる。キャプションでは、使ったオプションを上から下に述べる。図のコードは、本章の TikZ.org/TikZ.jp にある。

8.4.1　パスモーフィング

モーフィングとは、例えば、パスをジグザグやギザギザに変えることを意味する。直線的モーフィングと曲線的モーフィングを区別する。`\usetikzlibrary{decorations.pathmorphing}` を使ってプリアンブルで対応ライブラリをロードする必要がある。

このライブラリのデコレーションには次のようなオプション値がある。

- `amplitude`：変更したパスが元のパスの上下どれだけまでかを決定する。
- `segment length`：上下のデコレーションサイクルの長さ。

デコレーションオプションを使うときには、次のように波括弧でくくる必要がある。

90　8. パスの豊かな表現

```
decoration={zigzag, amplitude=2mm,segment length=3mm}
```

デコレーションによっては追加オプションがあり、簡単に触れる。
次の直線的デコレーションはすでに定義済みだ。

- `zigzag`：ジグザグの線を描く
- `saw`：のこぎりの歯のような線を描く
- `random steps`：各サイクルで x と y 方向の移動は -amplitude と +amplitude の間のランダムな値を取る
- `lineto`：パスを直線で置き換える。これは元のパスが曲線的なときに意味がある。

直線にデコレーションを適用すると次のようになる（図 8.6）。

● 図 8.6　直線への直線的デコレーション- zigzag、saw、random steps

弧に適用すると次のようになる（図 8.7）。

● 図 8.7　弧への直線的デコレーション- zigzag、saw、random steps、lineto

次のような曲線的デコレーションもある。

- `bumps`：直径が `segment length`、高さが `amplitude` の半楕円でパスを置き換える。
- `coil`：パスのまわりにコイルを巻くようにする。半径が `amplitude`、巻幅が `segment length` だ。もう一つのオプション `aspect` で視点の角度を、0 が横、デフォルトの 0.5 がもっと前からに変えられる。
- `snake`：上から見るとヘビのようだが、`segment length` が波長で `amplitude` が高さのサイン曲線。
- `bent`：`amplitude` がどれだけ直線から離れるか、`aspect` がどれだけきつく曲がるかを示す。試してみること。

直線のパスに対しては次のようになる（図 8.8）。
次は弧に適用したらどうなるかを示す（図 8.9）。
モーフィングから置き換えに移ろう。

8.4.2　パスを記号で置き換える

パスを縦棒、丸括弧、波括弧で置き換えられる。\usetikzlibrary{decorations.pathreplacing}を使って対応ライブラリをロードする。次のような置き換えが利用可

8.4　利用可能なデコレーションタイプ

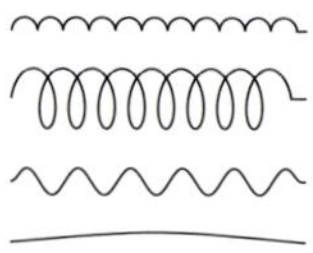

● 図 8.8　直線の曲線的デコレーション- bumps、coil, snake, bent

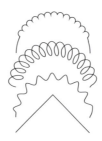

● 図 8.9　弧に対する曲線的デコレーション- bumps、coil, snake, bent

能だ。

- `border`：これは壁などの領域の境界を示し、機械工学や建築の図面で使われる。`segment length` は縦棒の間隔、`amplitude` は棒の高さ、`angle` はパスと棒の角度を示す。
- `waves`：パスに沿って弧を並べる。`segment length` は弧の間隔、`radius` は半径、`angle` は弧の（入射/射出）角度。
- `expanding waves`：`waves` と似ているが、弧が短いものから長いものになる。
- `ticks`：縦棒。`segment length` が間隔、`amplitude` はパスの上下どこまでかを示す。
- `brace`：横に寝かせた開き波括弧で置き換えるが、`amplitude` はどこまで上がるか、`aspect` がパスの中央での曲がり方を示す。

これらのオプションを次に示す（図 8.10）。

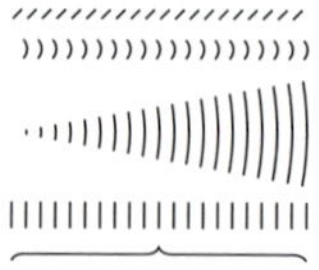

● 図 8.10　パス置き換えデコレーション- border, waves, expanding waves, ticks, brace

元のパスを残したままでデコレーションを加えたいなら、パスの下に加えるか上に加えるかに応じて preaction や postaction を使うことができる。例えば次のように、直線に縦棒を加えられる（図 8.11）。

```
\draw[postaction = {draw, decorate,
  decoration = {ticks, segment length=1mm}}]
  (0,0) -- (2,0);
```

● 図 8.11　postaction としての縦棒のデコレーション

波括弧は、幅や高さの表示あるいは何かをまとめて示すのに役立つ。次に示すのは測定

結果の表示だ。

```
\begin{tikzpicture}[decoration=brace, font=\sffamily\tiny]
  \draw (0,0) rectangle (2,1);
  \draw[decorate]
    (0,1.05) -- node[above] {2 cm} (2,1.05);
  \draw[decorate]
    (2.05,1) -- node[above, sloped] {1 cm} (2.05,0);
\end{tikzpicture}
```

出力は次のようになる（図 8.12）。

● 図 8.12　長方形のサイズの波括弧デコレーション

境界、縦棒、波括弧、ノードへのアノテーション（注釈）という具合に、様々な作図表現が可能になった。

8.4.3　パスをテキストでデコレーション

Ti*k*Z には、\usetikzlibrary{decorations.text}でロードできるテキストデコレーションライブラリがある。このライブラリを使うとパスの直線や曲線上にテキストを配置できる [*1]。次に、弧に沿ってテキストを書く例を示す。

```
\draw[decorate, decoration = {text along path,
  text = {text follows the path}}] (0,0) arc(180:0:1);
```

このコマンドの出力は次のようになる（図 8.13）。

● 図 8.13　曲線のパスに沿ったテキスト

複数セグメントのパスにテキストを沿わせることもできる。

```
\draw[decorate, decoration = {text along path,
  text = {This is a long text along a path}}]
  (0,0) -- (1,0) arc(150:30:1.4) -- (5,0);
```

テキストは次のように流れる（図 8.14）。

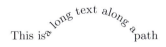

● 図 8.14　複数セグメントのパスに沿ったテキスト

見てわかるように、パスそのものは描かれていない。完全に無視されている。パスを描きたければ、preaction や postaction で描くことができる。

[*1]　［訳注］残念ながら日本語には対応していないようだ。

8.4.4 マーキングの追加

図 8.3 では矢頭をパスに沿ってつけたが、同じようにマーキングをパスにつけることができる。TikZ のどんな矢印でも同じように使える。まず \usetikzlibrary{decorations.markings}でライブラリをロードしないといけない。

そして、例えば、次のコードでは三角形の矢頭をパスに沿って並べる。

```
\draw[decorate,
    decoration = {markings, mark = between positions 0
    and 1 step 0.1 with {\arrow{Triangle}}}]
        (0,0) arc(120:60:1) arc(-120:-60:1);
```

4 章に出てきたどんな矢頭でも \arrow の引数として使うことができる。次に例を示す（図 8.15）。

● 図 8.15　パスに沿った矢頭の列 – stealth, triangle, LaTeX[open]

decorations.shapes や 3 章で述べた shapes ライブラリをロードすれば、ライブラリにあるシェイプを次のように使うことができる。

```
\draw[decorate, decoration = {shape backgrounds,
    shape=star, shape size=2mm}]
    (0,0) arc(120:60:1) arc(-120:-60:1);
```

このパスに沿ったシェイプの例を次に示す（図 8.16）。

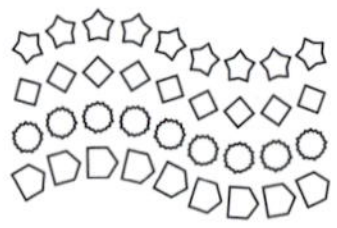

● 図 8.16　パスに沿ったシェイプ – star, diamond, starburst, signal

width, height, distance, scaling, rotation といったオプションもあり、TikZ のマニュアルには説明が載っている。それらは本書の範囲を超えるのでここでは扱わない。

図 8.15 で \arrow コマンドの代わりに \node を含むどのような描画コマンドでも使える。さらに、\pic コマンドも使える。本章も終わりに近いので、息抜きに、5 章の図 5.6 の \pic{smiley}と定義したスマイリーを使ってみよう。スマイリーが大きいので、弧を大きな半径にする。

```
\draw[decorate, decoration = {markings,
    mark = between positions 0 and 1 step 0.04
    with {\pic {smiley};}}]
    (0,0) arc(120:60:40) arc(-120:-60:40);
```

これは次のような図になる（図 8.17）。

この例からも TikZ が信じがたいほど柔軟で、デフォルトのデコレーションをはるかに超えて様々なことができることがわかる。

● 図 8.17　パスに沿ったスマイリー

8.5　デコレーションの調整

あるデコレーションが完璧だと思えない場合、調整するオプションがある。例えば `decoration = {brace, raise=5pt}` のように、上下に位置を動かすことができる。

`mirror` オプションは、デコレーションをパスに沿って反転する。例えば、`decoration = {brace, mirror}` は波括弧をパスの反対側にする。

デコレーションの開始点を後ろにずらしたり、終了を手前にできる。次のオプションは直線のデコレーションの始まりを 5 mm ずらす。

```
pre=lineto, pre length = 5mm
```

円弧のような曲線のパスなら次のほうがよいかもしれない。

```
pre=curveto, pre length = 5mm
```

図 8.7 や 8.9 を細かく見れば、上のパスに対して、このような `pre` と `post` オプションを使って、上のパスがよりよく対称的に見えるようにしていることがわかる。TikZ.org/TikZ.jp の 8 章のページのコードを見れば確認できる。次のコードは図 8.9 の `bump` の例で `pre/post` オプションが使われている。

```
\draw[decorate, decoration={bumps,
  pre =curveto, pre  length=4.5mm,
  post=curveto, post length=3mm}]
    (0,0) arc(180:0:1);
```

`pre/post` オプションで異なるデコレーションを開始/終了できるが、通常は `lineto` や `curveto` を使ってデコレーションがパスの一部だけになるようにする。

異なるデコレーションを使う別の方法は、図 8.5 の後で、デコレーションをパスの一部に限った `decorate` パス演算を使うものだ。例えば、次のコマンドは、矢印を 1 つのパスの中で 3 つの異なるデコレーションで描く。

```
\draw[->] (0,0)
   decorate[decoration=bumps]  { -- (1,0) }
   decorate[decoration=zigzag] { -- (2,0) }
   decorate[decoration=saw]    { -- (3,0) };
```

波括弧で各デコレーションのスコープを区切っていることに注意。デコボコ・ジグザグ・鋸歯の矢印は次のようになる（図 8.18）。

● 図 8.18　1 つのパスに複数のデコレーション

デコレーションは入れ子にできる。基本的なフラクタル曲線である **Koch 雪片**（Koch snowflake）がよい例だ。`\usetikzlibrary{decorations.fractals}` でフラクタルデコレーションライブラリをロードしよう。この名前のデコレーションがあるので、いつものように `\draw` コマンドに加えてもよいが、次のようにして、単に `\draw` コマンドを

使うこともできる。

```
\begin{tikzpicture}[decoration=Koch snowflake]
```

次のコマンドは原点 (0,0) から右に 3 cm の直線を引く。

```
\draw (0,0) -- (3,0);
```

ここで、デコレーションを追加して、この線を変える。

```
\draw decorate{ (0,0) -- (3,0) };
```

パスは次のようなジグザグになる（図 8.19）。

● 図 8.19　Koch 雪片デコレーション

図 8.19 のパスにさらに同じデコレーションを加えたらどうなるだろうか。

```
\draw decorate{decorate{ (0,0) -- (3,0) }};
```

各線分が同じジグザグの線に置き換わった（図 8.20）。

● 図 8.20　Koch 雪片デコレーションを繰り返す

さらに同じことができる。

```
\draw decorate{decorate{decorate{ (0,0) -- (3,0) }}};
```

● 図 8.21　3 回反復後の Koch 曲線

これを無限回繰り返すと、結果は、この曲線を最初に記述した数学者 Koch の名前にちなんだ Koch 曲線になる（図 8.21）。

雪片と名付けられたのはどうしてだろうか。三角形にこのデコレーションを何度も繰り返せば理由がすぐわかる。

```
\draw decorate{decorate{decorate{decorate{decorate{
    (210:2) -- (90:2) -- (330:2) -- cycle}}}}};
```

出力はきれいな雪片のようだ（図 8.22）。

`decorations.fractals` ライブラリにはほかにも `Koch curve type 1`、`Koch curve type 2`、`Cantor set` という 3 つのデコレーション曲線があり、すべて同じようになる。つまり、直線を線分の集まりで置き換える。試して、入れ子にしてみよう。

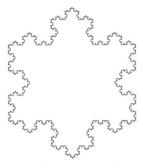

● 図 8.22　Koch 雪片

8.6　まとめ

本章では、パスへの繰り返し効果について学んだ。デコレーション効果を追加すること以外に、数学や物理学など科学的な図面では縦棒、波括弧、矢印を、機械工学ではジグザグやコイルを使うことだろう。

また、あるパスを描く前後に事前事後のアクションとして何かを追加する方法も学んだ。次章では、図全体において、そのような概念を検討する。すなわち、図の背後あるいは前面に描画する。さらに、透明度を使って、何が背景にあるかも見えるようにする。

8.7　さらに学ぶために

https://texdoc.org/pkg/tikz の Ti*k*Z マニュアルには本章で扱ったテーマに関して追加情報が提供されている。

- *Part III, Section 15.10, Doing Multiple Actions on a Path*：この節では preaction と postaction を扱う。オンラインリンクは https://tikz.dev/tikz-actions#sec-15.10。
- *Part III, Section 24, Decorated Paths*：デコレーションについての包括的な説明。オンラインリンクは https://tikz.dev/tikz-decorations。
- *Part V, Section 50, Decoration Library*：全デコレーションライブラリのリファレンス。オンラインリンクは https://tikz.dev/library-decorations。

https://tikz.net/tag/decorations と https://texample.net/tikz/examples/feature/decorations では、数学、機械工学、光学、電気工学などの科学図面でデコレーションがどんなに役立つかを学べる。

Koch 雪片については https://en.wikipedia.org/wiki/Koch_snowflake に説明がある。

第9章

レイヤー、オーバーレイ、透明性を使う

TikZ の図はどれも一連の描画コマンドによる。LaTeX 文書と同様に、TikZ の図は線形になっている。つまり、既存の描画要素の上に描くので上に重なり、最近の描画結果が一番上にくる。だが、上書きする以外の方法が欲しいこともある。それが本章で見る解法だ。

これまでは、画像を1つのキャンバスに描いていた。しかし、背面キャンバス、通常キャンバス、前面キャンバスというふうに、複数のキャンバスにできると知っていただろうか。これらは画像のレイヤーと呼ばれる。

本章では、レイヤーの活用法を学ぶ。さらに、背景が見える透過領域のようなシースルーパスの使い方を学ぶ。

次のようなテーマを扱う。

- 透過性の使い方
- 背面レイヤーと前面レイヤーへの描画
- LaTeX コンテンツに TikZ 描画をオーバーレイする
- ページの背面の図の配置

本章を終えると、他の要素で上書きされない要素の描画や既存のノードやシェイプの背面で線を描いたり色を塗りつぶしたりできるようになる。

9.1 技術要件

本章の全コード例は https://tikz.jp/chapter-09 にある。コードは https://github.com/PacktPublishing/LaTeX-graphics-with-TikZ/tree/main/09-using-layers の GitHub からダウンロードできる。

本章では、`backgrounds`, `matrix`, `quotes`, `positioning`, `fit`, `decorations.pathmorphing` ライブラリと `tikzducks`, `tikzmark`, `amsmath`, `blindtext`, `atbegshi` パッケージを使う。

9.2 透明性の使い方

前に描いたオブジェクトの上に何か新しいものを描くと、上書きするので下にあるものは見えなくなる。PDF は背後に何があるかが見える部分透過色をサポートする。

TikZ には簡単なインタフェースがある。オブジェクトやパスの色の透明性を 0 から 1 までの `opacity` 値で指定するのだ。0 は透明 1 は全く不透明だ。

言葉よりもコードが物を言うから例を示そう。水を描こう、これは当然透明だ。アヒルも描こう、これは当然水の中にいる。

水には波があるから、前章で使った `decorations.pathmorphing` ライブラリをロードする。

```
\usetikzlibrary{decorations.pathmorphing}
```

TikZ には、役に立ったり面白いものを含むライブラリやパッケージがあり、アヒルを描

くパッケージもある。15 章でも使うが、とりあえずロードする。

```
\usepackage{tikzducks}
```

`tikzpicture` 環境の最初で笑っているアヒルを描く。

```
\duck[laughing]
```

そして、水を描く。計画通り透明だ。透明度は 0.5、青色の階調をつけ、塗りつぶし、波は `snake` デコレーションを使う。

```
\fill[top color=white, bottom color=blue, opacity=0.5]
    (-1,-0.2) -- (-1,0.5)
    decorate[decoration={snake}]{-- (3,0.5)} -- (3,-0.2);
```

この 2 つのコマンドで次の出力が得られる（図 9.1）。

● 図 9.1　水を泳ぐアヒル

アヒルの上に水を塗ったが水中のアヒルの身体がはっきり見える。望んでいた透明性だ。
`opacity` 値の設定には、ノード、パス、スコープ、`tikzpicture` 環境全体というように複数の方法がある。線、塗りつぶし、テキストと次のように別の透明性を選べる。

- `draw opacity`：直線や曲線
- `fill opacity`：領域の塗りつぶし。画像やテキストにも使える。
- `text opacity`：テキスト。`fill opacity` の効果を上書きしたい場合に役立つ。

様々な設定での効果がわかるよう例を作る。

集合の共通部分を表示するベン図を描く。透明性で共通部分、つまり重なった部分の可視化を助ける。図を `opacity` 値 0.4 で始める。つまり、描くものすべてが 60%の透明性をもつ。

```
\begin{tikzpicture}[very thick, opacity=0.4]
```

線に何が起こるかわかりやすいように `very thick` オプションを選ぶ。半径 2 の 3 つの円を色を変えて描く。

```
\filldraw[red]   ( 90:1.2) circle (2);
\filldraw[green] (210:1.2) circle (2);
\filldraw[blue]  (330:1.2) circle (2);
```

`\filldraw` コマンドは縁のある円を塗りつぶす。原点のまわりに円を極座標で距離 1.2、角 90、210、330 度に配置する。

4 つのテキストノードを、これも極座標で配置して描くと完成だ。

```
\node at ( 90:2)    {Designing};
\node at (210:2)    {Drawing};
```

```
\node at (330:2)     {Coding};
\node [font=\LARGE]  {TikZ};
```

次で図を終える。

```
\end{tikzpicture}
```

コンパイルすれば、すべてが透明な図が得られる（図 9.2）。

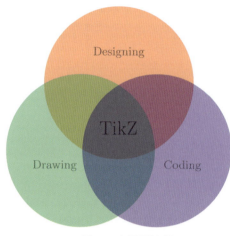

● 図 9.2　全部透明な図

次のことがわかる。

- 色は原色の赤緑青ではなく、もっと薄い。
- 円が重なるほど不透明になっていく。
- テキストは黒ではなく、薄黒になる。
- 円の縁ははっきりしない。

最後の点を調べるためにズームインしてみよう（図 9.3）。

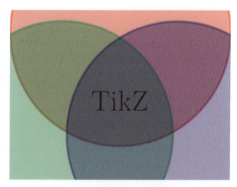

● 図 9.3　透明性をもつ領域の境界

塗りつぶした円の縁取り部分は 2 色だ [*1]。これは、縁まで塗られたところと厚く塗られた縁とが一部重なっているためだ。色塗りと縁とが重なったところでは、累積効果で色

[*1]　［訳注］透明効果の解釈が PDF ビューワによって異なり、本書で例示するような表示とはならない場合もある。

100　9.　レイヤー、オーバーレイ、透明性を使う

が暗くなる。

これではちょっとまずいので、次の2つのどちらかの方法で修正する。

- オプションに `draw opacity=1` を追加して、線を完全に不透明にする。
- `opacity=0.4` を `fill opacity=0.4` に変更して、線には影響がなく、塗りつぶし領域とその中のテキストだけが透明になるようにする。

ノードのテキストが黒で不透明なように、それをオプションで宣言する。

```
\begin{tikzpicture}[very thick, fill opacity=0.4,
  text opacity=1]
```

この変更で次の図になる（図 9.4）。

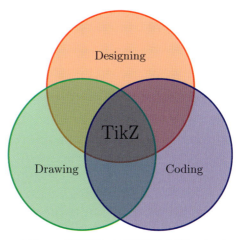

● 図 9.4　透明領域および不透明な曲線とテキスト

透明な領域を使う場合、重なって効果が積み上がると困ることがある。次の状況を見てみよう。透明な円環と長方形でできている TOP SECRET というスタンプを描く。

```
\begin{scope}[opacity=0.6]
  \draw [line width=4mm, red] circle(1);
  \fill[rounded corners, fill=red, rotate=15]
    (-1.3,-0.2) rectangle (1.3,0.2);
\end{scope}
\node[rotate=15] {TOP SECRET};
```

次の出力になる（図 9.5）。

● 図 9.5　透明なオブジェクトの重なり

重なった部分の赤が強くなっていることに気づく。これはおかしい。赤い領域は一様な色にしたい。解法は `transparency group` を使うことだ。`scope` オプションとして指

定できる。スコープを次のように始める。

```
\begin{scope}[opacity=0.6, transparency group]
```

画像の色は次のように一様な赤になる（図 9.6）。

● **図 9.6**　透明性のグループ化

複数のオブジェクトが同じ透明性を共有しながら、重なっても効果を積み上げないようにするには、scope 環境にまとめ transparency group オプションを追加する。描画の中でそのようなスコープを複数作ることもあるだろう。

透明性グループは、スコープ内の全オブジェクトを順に描き、重なれば、最後の要素の色が一番上にくるようにする。スコープが終わったら、スコープ内のコンテンツ全体を同じ透明性で描く。

この新たな知識を数学の描画に適用しよう。いわゆる転置行列の説明をする。転置行列とは、ある行列を対角線を軸に反転した行列だ。この図では、部分行列をハイライトする。まず、透明性を使って行う。後で、行列の背面レイヤーに描く。設定から始めよう。

次の TikZ ライブラリをロードする。

```
\usetikzlibrary{matrix,positioning,quotes}
```

次のように標準的な行列を作る。

```
\tikzset{standard/.style = {matrix of nodes, inner sep=0pt,
    nodes = {inner sep=0.3em},
    left delimiter={(}, right delimiter={)}}}
```

スタイルは文書プリアンブルで定義できる。複数の TikZ 描画がありスタイルを複数回使う場合にはそうすることを推奨する。

私は図式でははっきり見えるサンセリフ体が好きなので、通常次のようにフォントを選ぶ。

```
\tikzset{every node/.append style = {font=\sffamily}}
```

tikzpicture 環境で、6.5 節で学んだように、2 つの行列を作る。

```
\matrix[standard] (m) {
    1 & 2 & 3 \\
    4 & 5 & 6 \\
    7 & 8 & 9 \\ };
\matrix[standard, right = 3cm of m] (n) {
    1 & 4 & 7 \\
    2 & 5 & 8 \\
    3 & 6 & 9 \\ };
```

最後に、行列間に矢印を描く。

```
\draw[->,shorten <=1em,shorten >=1em,thick]
   (m.east) to["Transpose"] (n);
```

このコードは次のような図になる（図 9.7）。

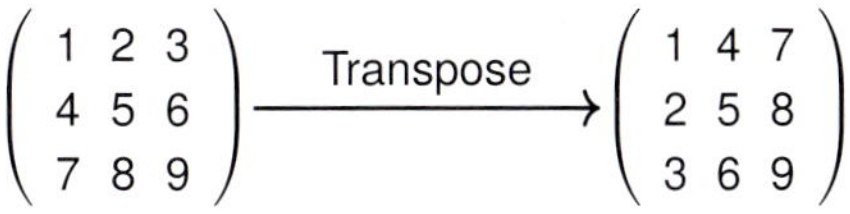

$$\begin{pmatrix} 1 & 2 & 3 \\ 4 & 5 & 6 \\ 7 & 8 & 9 \end{pmatrix} \xrightarrow{\text{Transpose}} \begin{pmatrix} 1 & 4 & 7 \\ 2 & 5 & 8 \\ 3 & 6 & 9 \end{pmatrix}$$

● 図 9.7　行列転置を表示する図

左側には例として選んだ行列、右側にはその転置行列がある。

ここで部分行列をハイライトする。そのためのスタイルを、行列の standard スタイルと同様にプリアンブルに含める。行列のセルを上書きするので黄色の 50% 透明性を選ぶ。

```
\tikzset{submatrix/.style = {rectangle, rounded corners,
   fill=yellow, fill opacity=0.5}}
```

ここで、左右の行列で submatrix スタイルの四角を描く。次のコマンドに示すように、行列 m と n の要素を m-i-j のように参照する。

```
\draw[submatrix] (m-2-2.north west)
   rectangle (m-3-3.south east);
\draw[submatrix] (n-2-2.north west)
   rectangle (n-3-3.south east);
```

図 9.7 が次のように変わる（図 9.8）。

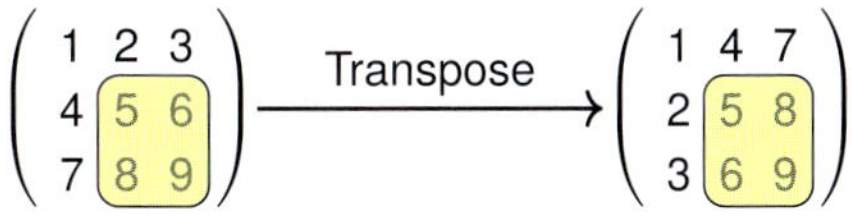

$$\begin{pmatrix} 1 & 2 & 3 \\ 4 & \boxed{5 & 6} \\ 7 & \boxed{8 & 9} \end{pmatrix} \xrightarrow{\text{Transpose}} \begin{pmatrix} 1 & 4 & 7 \\ 2 & \boxed{5 & 8} \\ 3 & \boxed{6 & 9} \end{pmatrix}$$

● 図 9.8　行列の一部をハイライトする

これで、行列転置において部分行列をハイライトした。

部分行列のノードがあれば部分行列間で矢印が引けるのでもっとよい。Ti*k*Z には、ある座標にノードを作って適合させる fit ライブラリがあるので使ってみよう。

```
\usetikzlibrary{fit}
```

submatrix スタイルを変えて、ノードに適用できるようにする、

```
\tikzset{submatrix/.style = {rectangle, rounded corners,
   fill=yellow, fill opacity=0.5, draw, inner sep=0pt}}
```

図 9.8 の \draw コマンドの代わりに、\node でノードを作る。

```
\node (m1) [submatrix, fit=(m-2-2) (m-3-3)] {};
\node (n1) [submatrix, fit=(n-2-2) (n-3-3)] {};
```

アンカーのあるノードができたので、それらの間に矢印を引ける。

```
\draw [->] (m1.south east)
   to[bend right=20] (n1.south west);
```

この矢印は、引き続きこの例を使った次節の図 9.9 で見られる。次節では透明性を使

う代わりに行列の背面に描く。

9.3　背面レイヤーと前面レイヤーへの描画

描画コマンドで別のオブジェクトを上書きしてしまうのを避けるには、通常コマンドの順序を変える。しかし、それができないことがある。前節の行列の例を考えよう。部分行列のハイライトは、行列のセルを参照座標に使っていたので、行列の後でしか描けない。描画の順序は変えられない。透明性がなければ、セルの数字は黄色の四角で上書きされる。

さて、この上書き問題に別の解法がある。レイヤーを使うのだ。具体的には、背面レイヤーを使う。行列の例に適用しよう。

まず、文書プリアンブルで`backgrounds`ライブラリをロードする。

```
\usetikzlibrary{backgrounds}
```

次に、前節で作ったノードを`on background layer`オプションで`scope`環境に置く。

```
\begin{scope}[on background layer]
   \node (m1) [submatrix, fit=(m-2-2) (m-3-3)] {};
   \node (n1) [submatrix, fit=(n-2-2) (n-3-3)] {};
\end{scope}
```

`submatrix`スタイルでは`opacity`オプションを外すこともできる。変更したコードの結果が次の出力だ（図9.9）。

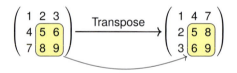

● 図 9.9　背面で行列の一部をハイライトする

透明性が使われていないことがわかる。`\node`コマンドが行列描画の後にきているのに不透明の黄色で塗りつぶせた。

図9.9を9.8と比べよう。もう1つの大きな違いは、図9.9は行列のテキストの色がハイライトの影響を受けず、完全な黒のままだということだ。

描画においては背面レイヤーが最も興味深いが、複数のレイヤーを使うことができる。PGFバックエンドが必要な機能を提供するので、TikZライブラリをロードする必要がない。

まず、次のように使いたいレイヤーを宣言する。

```
\pgfdeclarelayer{background}
\pgfdeclarelayer{foreground}
```

デフォルトレイヤーは`main`と呼ばれ、デフォルトで使える。

次に、レイヤーを積み上げる順番を定義できる。

```
\pgfsetlayers{background,main,foreground}
```

これで、各レイヤーで描ける。次の例は`foreground`レイヤーのものだ。

```
\begin{pgfonlayer}{foreground}
  \node {Some text};
\end{pgfonlayer}
```

次節では、さらに進んで、標準的な LaTeX 本文や数式中に TikZ の描画を追加する。

9.4　LaTeX コンテンツに TikZ 描画をオーバーレイする

先程の行列の例は、図を作るという点で問題はなかった。しかし、数学者は、LaTeX の数式モードで `amsmath` パッケージの `matrix` 環境を使って行列を組むだろう。

本節では、そのような TikZ の外で作られたテキストや数式などのコンテンツに対してどのように描画できるかを検討する。今回もかなりのコードを書くが、すべてを掲載しない。例題の完全なコードは TikZ.org/TikZ.jp と GitHub にあることを覚えておくことだ。

行列の例を標準 LaTeX ツールで再現しよう。まず、`amsmath` パッケージをロードする必要がある。次いで、文書中では式を `pmatrix` 環境と長い延長可能矢印で書く。簡単な LaTeX 作業だが、新しいことが 1 つある。現在の位置を覚えるには、`x` を選んだ座標名として `\tikzmark{x}` コマンドを挿入することだ。始めよう。

```
\[
  \begin{pmatrix}
      1 & 2 & 3 \\
      4 & \tikzmark{m1}5 & 6 \\
      7 & 8 & 9\tikzmark{m2}
  \end{pmatrix}
  \xrightarrow{\text{Transpose}}
  \begin{pmatrix}
      1 & 4 & 7 \\
      2 & \tikzmark{n1}5 & 8 \\
      3 & 6 & 9\tikzmark{n2}
  \end{pmatrix}
\]
```

新たなコマンドと同じ名前の `tikzmark` ライブラリを使う。文書中でこれと TikZ を使うには、TikZ と必要なライブラリをロードして `submatrix` スタイルを定義する。

```
\usepackage{tikz}
\usetikzlibrary{fit,tikzmark}
\tikzset{submatrix/.style = {draw, rectangle,
    rounded corners, fill=yellow}, inner sep=2pt}
```

これからが面白いところだ。`tikzmark` パッケージには `pic` 座標系があり、新たな座標を (pic cs:m1)、(pic cs:m2)、(pic cs:n1)、(pic cs:n2) として参照できる。同じページにいる限りは、これらの座標を使って TikZ 画像を作れる。そこで、画像が方程式の背面になるかどうかに応じて、方程式の前か後かに置く。重要なことは、次の 2 つのオプションを使わないといけないことだ。

- `overlay`：TikZ の図はオーバーレイされるので場所をとらない。
- `remember picture`：TikZ が直前のコンパイル時点での図の位置を覚えておく。

そこで、次のコードを行列の数式の直前に置こう。

```
\begin{tikzpicture}[overlay, remember picture]
  \node (m) [submatrix,
    fit={([yshift={1.5ex}]pic cs:m1) (pic cs:m2)}] {};
  \node (n) [submatrix,
    fit={([yshift={1.5ex}]pic cs:n1) (pic cs:n2)}] {};
  \draw [->] (m.south east) to[bend right=20] (n.south west);
\end{tikzpicture}
```

`\tikzmark` はまわりのテキストを気にかけないので、座標はベースラインにある。`[yshift={1.5ex}]` を挿入して座標を少し上に移した。これがうまいやり方で、TikZ の描画を任意のコンテンツとオーバーレイする際に必要なちょっとした工夫だ。

まず一度のコンパイルして座標を計算しないと LaTeX と TikZ の座標を合わせられないので、二度コンパイルしなければならない。次の出力が得られる（図 9.10）。

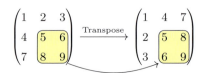

● 図 9.10　LaTeX の数式の背面に描画する

この手法の主たる利点は、通常の LaTeX や他の LaTeX パッケージを使って書かれたどのような LaTeX コンテンツに対しても TikZ のコンテンツを追加できることだ。

次節では、`remember picture` オプションをさらに検討する。

9.5　ページの背面の図の配置

普通の TikZ の図は、文書中に置いて問題ない。中央に置くには `center` 環境を、キャプションや参照ラベルをつけるには `figure` 環境を使い、ページが見やすいように文書中の適当な箇所に流し込むことができる。

TikZ の図は、文書のテキストそのものには影響を与えずに、ページのどこであれ背面に置くこともできる。すでに述べたように、`overlay` オプションを使ってスペースの問題は避けられる。前節で述べた `remember picture` オプションはさらに重要な役割を担える。このオプションを一旦設定すれば、TikZ が図の位置情報を `.aux` ファイルに格納する。次のコンパイル時に `.aux` ファイルからその情報を読み出して最終配置に利用できる。最終配置のために 2 回コンパイルしないといけないのはそのためだ。

ページを、ページの大きさの長方形のノードだと考えることもできる。TikZ は、それを `current page` ノードと呼び、3.3 節で述べたようにノードアンカーを使うことができる。例えば、`(current page.center)` はページの中央の座標で、`(current page.north east)` は右上隅の座標だ。3.5 節で述べたように、これらの座標を絶対位置あるいは相対位置の参照点として使うことができる。

簡単でまとまった例を示そう。短い LaTeX 文書をダミーテキストで作る。これに大きな灰色の **DRAFT** サインをページ全体につけるのが目標だ。

TikZ で描くのは、テキストをもち、灰色で、ある `scale` で拡大し、少し傾いた 1 つのノードだけの図だ。`tikzpicture` 環境ではなく短い `\tikz` コマンドを練習するいい機会になる。

次のコードが、大きくて傾いた **DRAFT** サインをページの中央に置く。

```
\tikz[overlay,remember picture]{
  \node[rotate=40,scale=10,lightgray,font=\bfseries]
    at (current page.center) {DRAFT};
```

このコードをページのテキストコンテンツを書く前に置いたら、テキストの背面に置かれる。このコードをページのテキストコンテンツを書いた後に置いたら、テキストの前面に置かれる。後者の場合、ノードのオプションに `opacity` 値を追加して、透明にすることもできる。

文書の全ページに **DRAFT** サインをつけるにはどうすればよいか考えよう。TeX がページコンテンツを生成し終えて実際に出力するときのプロセスを追加すればよく、このプロセスは shipout と呼ばれる。ページの shipout の先頭にコマンドを追加できるパッケージを使う。そのパッケージ名はこの作業の頭字語で `atbegshi` という。

このパッケージの次の 2 コマンドを使う。

- `\AtBeginShipout{code}`：LaTeX に全ページで `code` を実行するよう命令する。
- `\AtBeginShipoutAddToBox{code}`：`overlay` と同じように場所をとらずにページボックスに `code` を追加する。ここに TikZ のコードを置く。

これらのコマンドの詳細についてはパッケージの公式文書を参照するとよい。パッケージをロードして、2 つのコマンドを、次の例で太字で示しているように使う。

```
\documentclass{article}
\usepackage[english]{babel}
\usepackage{tikz,blindtext}
\usepackage{atbegshi}
\AtBeginShipout{\AtBeginShipoutAddToBox{%
  \tikz[overlay,remember picture]]
    \node[rotate=40,scale=10,lightgray,font=\bfseries]
      at (current page.center) {DRAFT};}}
\begin{document}
\blinddocument
\end{document}
```

`blindtext` パッケージの `\blinddocument` コマンドはテキストのあるセクションを含むダミー文書を生成する。すでに述べたように、文書を 2 回コンパイルする必要がある。そして、最初の 2 ページは、次のように **DRAFT** サインがついている（図 9.11）。

描画の順番は、ページ上で文書テキストよりさきに行われるので、透明性は必要ない。

同様にして、ページの前面に描画してページコンテンツを上書きすることができる。`\AtBeginShipoutAddToBox` の代わりに `\AtBeginShipoutAddToBoxForeground` を使うだけでよい。これらはかなり長いコマンド名で、TikZ は、この点では冗長だと私は思う。この場合には透明性を使うことを勧める。

9.6　まとめ

本章で練習してきたら、オーバーラップした状況や、ソースコードでの描画コマンドの順序と出力イメージでの画像の見え方の順序との関係などをマスターできたはずだ。

透明色を用いたシースルーコンテンツの描画や他のオブジェクトを上書きしないで背面に描画などができるはずだ。

LaTeX の論文、本、プレゼンスライドなどを TikZ の描画ツールで見栄えよくするのに

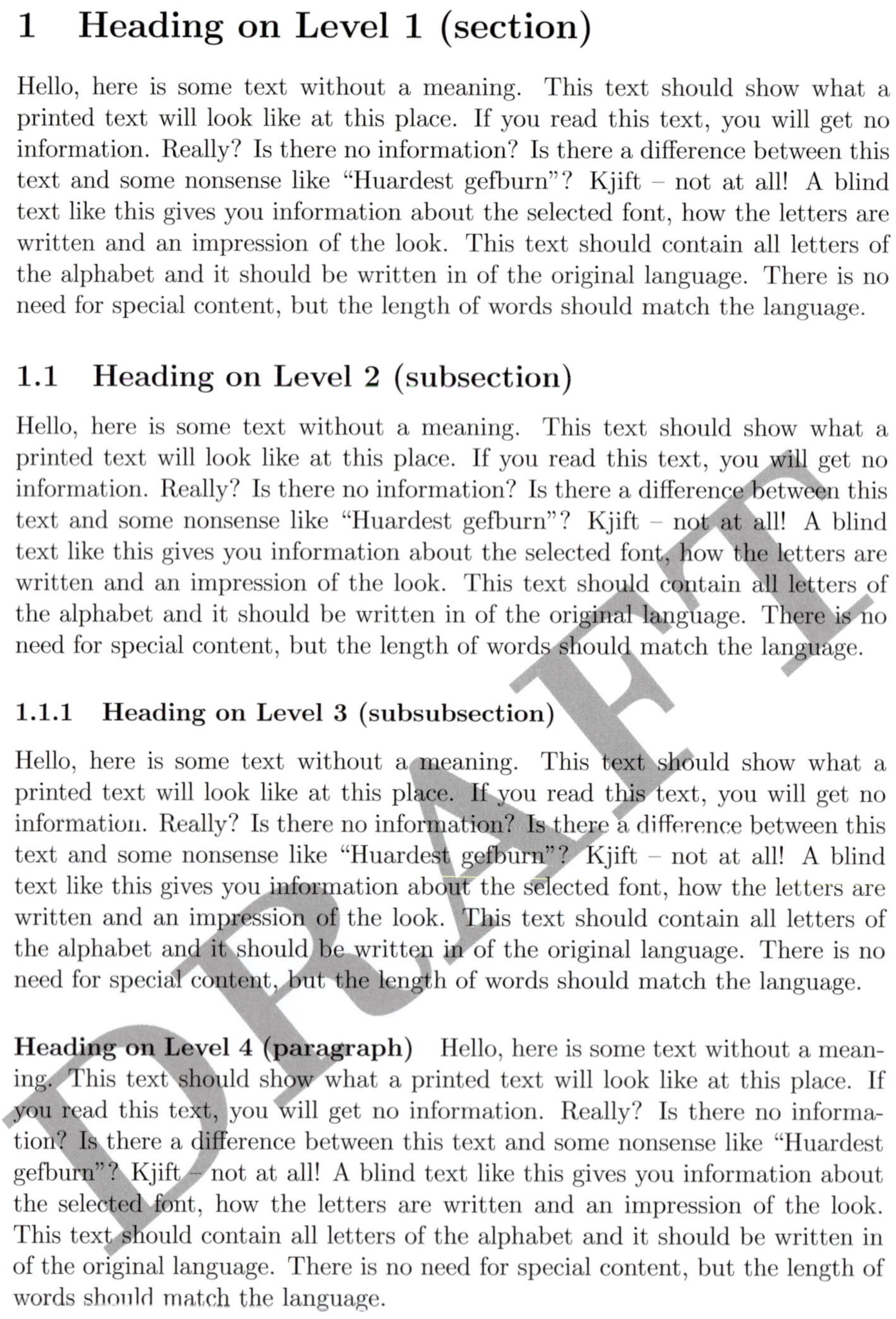

1 Heading on Level 1 (section)

Hello, here is some text without a meaning. This text should show what a printed text will look like at this place. If you read this text, you will get no information. Really? Is there no information? Is there a difference between this text and some nonsense like "Huardest gefburn"? Kjift – not at all! A blind text like this gives you information about the selected font, how the letters are written and an impression of the look. This text should contain all letters of the alphabet and it should be written in of the original language. There is no need for special content, but the length of words should match the language.

1.1 Heading on Level 2 (subsection)

Hello, here is some text without a meaning. This text should show what a printed text will look like at this place. If you read this text, you will get no information. Really? Is there no information? Is there a difference between this text and some nonsense like "Huardest gefburn"? Kjift – not at all! A blind text like this gives you information about the selected font, how the letters are written and an impression of the look. This text should contain all letters of the alphabet and it should be written in of the original language. There is no need for special content, but the length of words should match the language.

1.1.1 Heading on Level 3 (subsubsection)

Hello, here is some text without a meaning. This text should show what a printed text will look like at this place. If you read this text, you will get no information. Really? Is there no information? Is there a difference between this text and some nonsense like "Huardest gefburn"? Kjift – not at all! A blind text like this gives you information about the selected font, how the letters are written and an impression of the look. This text should contain all letters of the alphabet and it should be written in of the original language. There is no need for special content, but the length of words should match the language.

Heading on Level 4 (paragraph) Hello, here is some text without a meaning. This text should show what a printed text will look like at this place. If you read this text, you will get no information. Really? Is there no information? Is there a difference between this text and some nonsense like "Huardest gefburn"? Kjift – not at all! A blind text like this gives you information about the selected font, how the letters are written and an impression of the look. This text should contain all letters of the alphabet and it should be written in of the original language. There is no need for special content, but the length of words should match the language.

● 図 9.11　LaTeX ページの背面に描画

非常に役立つ `tikzmark` ライブラリの活用法も学んだ。

通常の LaTeX 文書の背面でページの絶対位置に描画することもできる。

次章では座標を使った計算方法を学ぶが、これは配置に色々と役立つ。

9.7　さらに学ぶために

https://texdoc.org/pkg/tikz にある TikZ マニュアルの次の節が本章に関連する。

- *Part III, Section 23.1, Transparency*：透明性、色の混合、均一でない透明性、いわゆるフェーディングを扱う。オンラインリンクは https://tikz.dev/tikz-transparency。
- *Part V, Section 45, Background Library*：backgrounds ライブラリのリファレンス。オンラインリンクは https://tikz.dev/library-backgrounds。
- *Part Ix, Section 113, Using Layers*：基本 PGF レイヤーでのレイヤーの宣言と活用を扱う。オンラインリンクは https://tikz.dev/base-layers。

TikZ ギャラリー（https://tikz.net and https://texample.net/tikz/examples）には本章での機能を活用した例が多数ある。これらの例には **layers**, **background**, **fadings**, **transparency** というタグがある。

本章での描画に用いた行列の転置については https://wikipedia.org/wiki/Transpose に説明がある。

第10章

座標とパスで計算する

1章では座標を選ぶのに明示的に値を与えるところから始めた。パスを描きながら距離を与えることで相対位置による指定もできた。

本章では、別の座標から座標を計算する新たな技法で次の段階に進む。座標を加えたり引いたりして、他の座標からある距離のぶん離れた位置の座標を計算し、直線上に射影した座標を見つけたり、座標を回転したりする。

しかもそれだけでなく、計算や処理を繰り返すのに役立つ `loop` コマンドも学ぶ。

次のような技法について詳しく学ぶ。

- ループで繰り返す
- 座標で計算する
- ループ変数の評価
- パスの交差した部分の計算

本章を終えると、同様のコマンドを繰り返し、ノードや辺の正確な配置のための計算を非常に効率的に処理できるようになる。

10.1 技術要件

本章の全コード例は `https://tikz.jp/chapter-10` にある。コードは `https://github.com/PacktPublishing/LaTeX-graphics-with-TikZ/tree/main/10-calculating-transforming` の GitHub からダウンロードできる。

本章では `calc` と `intersections` という TikZ ライブラリを使う。他の機能はデフォルトでロードされる。

10.2 ループで繰り返す

最も簡単な計算は数えることだ。それを出発点にしよう。for ループでは TikZ は変数を使って数え、変数を使ってコードを繰り返す。これは簡単そうに聞こえるが、気軽にグラフィックスを生成でき、非常に価値がある。特に、TikZ の `\foreach` コマンドは信じがたいほど柔軟だ。

このコマンドの基本構文は次のようになる。

`\foreach variable in {list of values} {commands};`

太字の部分を詳しく述べよう。

- **variable**：変数は `\i` のように宣言してマクロのように使う。変数 `i` をループ変数に使う慣習は、x や y が変数、i や j がインデックスカウンタとして使われた数学やプログラミング言語の初期にまで遡る。ただし、バックスラッシュで始まりさえすれば、どんな名前でも使える。
- **list of values**：これはカンマで区切られた 1, 2, 3 のような値の並びだ。途中を

1,...,10 のように省略することもでき、その場合には TikZ が、1 から 10 までの全整数というふうに値を補う。値を多く与えれば、TikZ はそれを活用して値を補う。よって、2,4,...,10 なら TikZ は 10 までの偶数を使う。この自動補完は、0.1,0.2,...,1 のような小数値のステップでも働く。さらに、A_1,...,F_1 のような英字の含まれるパターンでもよい。

- **commands**：コマンド列。コマンドが 1 つなら波括弧を省略できる。

実際の例で構文がどうなるかを見よう。図 2.1 のグリッドに対して、x 軸に次のようにラベルをつけられる。

```
\foreach \i in {-3,-2,-1,1,2,3} \node at (\i,-0.2) {\i};
```

1 つのループで、複数のコマンドを繰り返せるので、y 軸のラベルも同時につける。

```
\foreach \i in {-3,-2,-1,1,2,3} {
  \node at (\i,-0.2) {\i};
  \node at (-0.2,\i) {\i};
}
```

グリッドが次のようになる（図 10.1）。

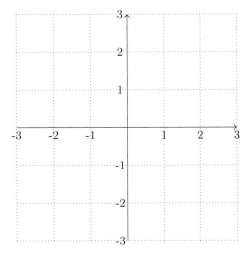

● 図 10.1　軸ラベルのついたグリッド

より大きなグリッドでもっとたくさん図を描く場合に、これは役立つ。

3 点省略記号を自動補完する機能を活用して、次のようにもっと短く書くこともできる。

```
\foreach \i in {-3,...,3} \node at (\i,-0.2) {\i};
```

これはもちろん値 0 を含む。

省略値の自動補完の働きをもう少し見てみよう。原点から距離 1 で 36 個の円を 10 度から 360 度まで 10 度ずつ角度を変えて描くとする。TikZ にはループを 10 から始め、20、と順に 360 まで続けるように述べれば十分だ。

```
\foreach \i in {10,20,...,360} \draw (\i:1) circle (1);
```

この 1 行で見事な対称形の円の集まりが描ける（図 10.2）。

図 10.2 のコードには、36 個の描画パスがある。これらの円を、単純に黒く塗りつぶすので

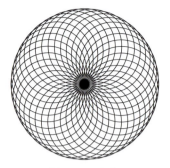

● 図 10.2　回転する円

はなく、重なった部分が交互に白黒となるよう塗りつぶそう。7 章の塗りつぶしの偶奇規則を覚えているだろうか。今の例を 1 つのパスにすれば偶奇規則が使える。幸い、\foreach が 1 つのパスの中でも使える。先程の例を次のように変える。

```
\filldraw[even odd rule] \foreach \i in {10,20,...,360}
    {(\i:1) circle (1)};
```

偶奇規則でパスが交差する隣り合う領域で色が替わり、次のような素晴らしいパターンが得られる（図 10.3）。

● 図 10.3　交差する円の塗りつぶし

\foreach 1 行で多数回反復描画ができることがわかった。

\foreach は複数のループ変数と値を、スラッシュで区切って次のように使用できる。

```
\foreach \i/\j in {A/1,B/2,C/3} \node at (\j,-0.2) {\i};
```

これは、図 10.1 の x 軸に 1、2、3 と書く代わりに次のように A、B、C と書く（図 10.4）。

ある値、値対、あるいは 3 つ組の集合に対してコマンドを繰り返し実行するなら、このように \foreach コマンドが使える。さらによいことは、TikZ で便利なだけでなく、LaTeX でもじかに \foreach が使えることだ。TikZ をロードせずに使うには、定義されている pgffor パッケージをロードするだけでよい。

\foreach コマンドの基本を学んだので、早速次のテーマに進もう。次節では、この例をさらに学ぶからだ。ループは計算と組み合わせるとさらに強力になる。それこそ次に学ぶことだ。

10.3　座標で計算する

calc ライブラリでは、座標の基本演算ができる。文書のプリアンブルに \usetikzlibrary{calc} でロードすれば、使える。

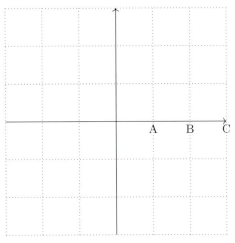

● 図 10.4　英字のラベル

これで TikZ は、座標内の `$` 記号間の計算ができるようになる。これは TeX のインライン数式モードに似ているが、実際に数学演算や計算を実行できるのだ。

10.3.1　座標の足し算と引き算

`$(A)+(B)$` という簡単な記法で 2 つの座標を足し算できる。これがどれだけ役立つか。座標系において、x 方向と y 方向にシフトしたい場合には、座標を足すのが簡単な相対配置になる。

この先の図 10.5 に示すような配置を実現するために、任意の位置で座標 A から始めよう。

```
\coordinate (A) at (1,2);
```

次に、x 方向に 1 だけ離れた座標を、適切な値 $x=1$ と $y=0$ の座標を加えることで作ろう。

```
\coordinate (B) at ($(A)+(1,0)$);
```

座標であることを示すために `$...$` 式を丸括弧でくくっていることに注意しよう。確かに、丸括弧と `$` 記号が混じると見にくいが、これは構造がはっきりしている。

極座標も使うことができる。次のコードでは、同じく A からの距離が 1 だが、x 軸から 60 度にある座標 C を極座標表記を使って作る。

```
\coordinate (C) at ($(A)+(60:1)$);
```

A, B, C を結ぶと正三角形ができる。

```
\draw (A) -- (B) -- (C) -- cycle;
```

同様にして、座標の引き算もできる。さらに、`*` 記号で座標の前に数や式による係数式を挿入し、`2*(A)`、`sqrt(3)*(2,2)` のような複雑な計算を実行できる。例えば、次のコードのようにできる。

```
\coordinate (D) at ($sin(60)*sqrt(2)*(A)+0.5*(60:1)$);
```

このようなものが必要なことはめったにないが、必要なら数式的な演算を行えることは知っておくとよい。

10.3.2　座標間の点を計算する

手間を省いて、TikZ に 2 つの座標間の点の位置を計算させよう。基本構文は

10.3　座標で計算する　　113

(A)!factor!(B) のようになる。これは A と B をつないだ直線上のある座標を表し、factor は 0 から 1 の間の値である。(A)!0.1!(B) なら A に近く、(A)!0.9!(B) なら B に近く、(A)!0.5!(B) なら A と B の中点が得られる。係数 0 は A、1 は B に等しい。

負の数や 1 より大きな値も許される。その場合、点は AB の線上にあるが、AB の間ではない。係数が負なら新たな座標は A と同じ距離だが反対側だ。(A)!2!(B) は、B の向こう側になる。

Ti*k*Z はこのような式を**部分修飾子**（partway modifier）と呼ぶ。

構文の使用例として、前項の正三角形 ABC に内接円を描こう。ちょっとした数学知識で半径が sqrt(3)/6 になることがわかる。これを使い、A と B の中線上に内接円を描く。

```
\draw ($(A)!0.5!(B)+(0,{sqrt(3)/6})$) circle({sqrt(3)/6});
```

数式を波括弧でくくっていることに注意。一般に、波括弧の追加は、複雑な数式があるときにパーサが追加構文で混乱するのを防ぐのに役立つ。この場合には、パーサが座標に対して丸括弧を期待して、sqrt 関数の丸括弧を取り違えてしまうので特に有用だ。

この座標計算による画像は次のようになる（図 10.5）。

● 図 10.5 内接円を含む三角形

割合の数式の代わりに実距離を使うこともできる。(A)!1cm!(B) は AB 線上の距離 1 cm の点だ。同様に、(A)!-1cm!(B) は AB 上で反対側に距離 1 cm の点だ。これは**距離修飾子**（distance modifier）と呼ばれる。

10.3.3 線上への射影

よく似た構文の第 3 の表現は**射影修飾子**（projection modifier）だ。割合でも距離でもない 3 番めの座標指定だ。第 3 の座標を C としよう。(A)!(C)!(B) は、C から AB 線上への直交射影（正射影）だ。A と B との間である必要はない。

先程の例で、A と B の間に C からの直交射影で点線を描くことにしよう（図 10.6）。

```
\draw[densely dotted] (C) -- ($(A)!(C)!(B)$);
```

● 図 10.6 直線上の射影

もちろん、射影に、割合や角度などの計算を組み合わせることができる。角度は次項で取り上げる。

10.3.4 角度の追加

すべての修飾子で角度を挿入できる。第 2 座標の前にコロンで区切って角度を指定する。単位は度だ。AB の直線を A のまわりで回転させて、それから修飾子を適用する。

よって、(\$(A)!0.5!60:(B)\$) という式は、A と B の中点で A のまわりに 60 度回転した座標になる。

正三角形の例にこれを次のように適用できる。

```
\filldraw (\$(A)!0.5!60:(B)\$) circle (0.03);
```

正三角形の角はみな 60 度なので、これは次のように A と C の中点になる（図 10.7）。

● 図 10.7　角度による部分修飾子の使用

角度の部分修飾子と \foreach ループを練習して、実際に使うコードがどうなるかの感覚をつかもう。アルキメデス螺旋に円を並べる。これは極座標の螺旋で、半径が角度に比例するものだ。角度 0 から始め、半径の初期値は 0 だ。360 度の半分で半径は 0.5、360 度で半径は 1 だ。これが続くので 720 度では半径が 2 ということになる。

\foreach ループを細かいステップで小さな円から始める。変数 \i を原点 (0,0) から座標 (1,0) への部分修飾子とし、同時に角度も反映させる。円の半径も \i とともに増やす。適当な係数を掛けて円を小さくしておく。これまでは計画で、これからがコードだ。これまでの説明で次のコードが理解できるだろう。

```
\foreach \i in {0,0.025,...,1}
  \draw ($(0,0)!\i!\i*360:(1,0)$) circle(0.08*\i);
```

1 周り分の螺旋は次のようになる（図 10.8）。

● 図 10.8　円の螺旋

螺旋を 6 回転させるには、\i をループで 6 まで実行する。色のついたボールシェーディングを追加する。

```
\foreach \i in {0,0.025,...,6}
  \draw[shading=ball] ($(0,0)!\i!\i*360:(1,0)$)
  circle(0.08*\i);
```

ほとんど手間がかからずにループのおかげで素晴らしい出力になる（図 10.9）。
次節では、\foreach オプションでの計算方法を学ぶ。

10.4　ループ変数の評価

先程の図 10.8 のコードを詳しく見てみよう。変数オプションにはもっと調整の余地がないか。反復ループで色を変化させたり、相互接続したりできるだろうか。これらは確かに 1 つのループでできる。そこで、より高度な \foreach オプションをみてみよう。まず同じ構文の簡単な例から始めて、より高度な例へと進むことにしよう。

10.4.1　ループの反復回数を数える

\foreach 値リストには、英字の値やパターンも使えて、ループ内のコマンドで使用できる。その場合に、値ではなく反復回数を、例えば座標 (\j,0) というように配置していくのに使いたいこともある。

これは count オプションが役立つところだ。\i で英文字のループ変数を使うとする。\j カウンタを次のように定義できる。

● 図 10.9　ボールの螺旋

```
\foreach \i [count=\j] in {A,...,Z} {commands};
```

こうすると、\i が A から Z になる間、\j が 1 から 26 になり、\i と \j の両方をコマンド内で使える。

始値は 1 でなくてもよい。count=\j from 10 と書けば 10 から始められる。

もちろん、変数名も \i と \j に限らずいろいろ使える。

10.4.2　ループ変数の評価

ループ変数はパターンでもよいのでデフォルトで数値評価されるわけではない。コマンド内でそのまま前もって計算されずに値として使われる。評価には、複雑な計算を指定することもできる。次のようになるが、ここで \i と \j は任意に選んだ名前だ。

```
\foreach \i [evaluate=\i as macro using formula]
   in {values} {commands};
```

macro が \j のような追加変数名で、formula が数式だ。

evaluate=\i とだけなら、コマンド内で \i を使うときにその値が使われる。evaluate=\i as \j とだけ書けば、\i は元のパターンのままで、\j が評価値になり、\i も \j もコマンド内で使える。

formula のある構文なら、\i を含む formula が \j の評価に使われる。次節でこれを練習する。

10.4.3　ループ変数の記憶

ループの繰り返し処理では、前回の繰り返しのときの、連結点のような変数値を覚えておきたいことがある。それは次のようにできる。

```
\foreach \i [remember=\i as macro initially value]
  in {values} {commands};
```

macro は \j のように選んだ変数名だ。\j は前の \i の値を保持する。initially に示す値は、前の値が存在しない場合 \j に使う値だ。

評価の練習用に、図 10.8 のコードを次のように変更した。

```
\foreach \i [remember=\i as \j (initially 6),
  evaluate=\i as \c using 20*\i] in {5.95,5.9,...,0}
    \fill[fill=black!60!blue!\c!white]
      ($(0,0)!\i!\i*180:(1,0)$) --
      ($(0,0)!\j!\j*180:(1,0)$) -- (0,0);
```

次のようなことが起こる。

- \i がループ変数で、今回は負のステップ幅になっている。0.05 ずつ小刻みに 6 以下から 0 に向かって減っていく。
- \j は \i の前の値を 6 から始めて記憶する。
- \c は、\i の値に基づいて評価される色だ。青色が繰り返しのたびに薄くなっていく。
- ループ中のコマンドは、\i と \j の値の 2 隅と原点 (0,0) でできる三角形に色を塗る。

次の出力になる（図 10.10）。

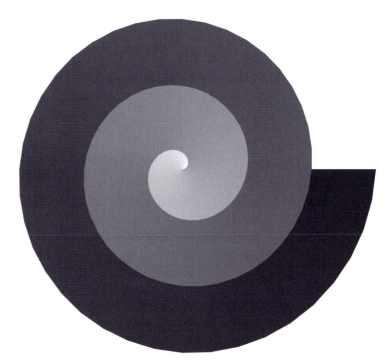

● 図 10.10　色のついた螺旋

これは結構複雑だ。もっと柔軟性を高めたければ、ループ変数を複数使い、\foreach ループを入れ子にできることを覚えておいて、試してみるとよい。そして、結果を https://tikz.net の TikZ コミュニティギャラリーで共有するとよいだろう。

最後の次節では、既存のパスから座標を生成する。

10.5　パスの交差した部分の計算

TikZ の図は一歩ずつ順に作られることが多い。座標と描く直線、曲線、シェイプを順に選ぶ。ある時点で、そのようなパスの交差した部分を見つけて、テキスト、矢印などのそのような箇所に引くという次の処理に進む必要が生じることがある。

2 つの直線の交点は、連立方程式を解けば求まる。円と直線の交点の場合は、2 次方程式を解けばよい。ポリゴンや一般のシェイプには曲げた部分など曲線のパスがあることを覚えているだろうか。そのようなパスで別のパスとの交点を計算するのは難しい。

TikZ には、そのような困難な課題に役立つ intersections ライブラリがある。通常通りにロードできる。

```
\usetikzlibrary{intersections}
```

これで TikZ が面倒な仕事を引き受けて、どのようなパスでも交点をすべて計算して、座標を与えてくれる。

基本的な例をやってみて、どうなっているかを学ぼう。各パスに対して名前を宣言する必要がある。次のコードでは l1 と l2 という 2 つの直線を引く。

```
\draw[name path = l1] (-2,-2) -- (3,3);
\draw[name path = l2] (-1,3)  -- (3,-3);
```

name intersections オプションにより intersection の後に -1 のように番号のついた名前の交点座標が作られる。次のようにキーワード of を使ってパスを指定する必要がある。

```
\fill[name intersections = {of = l1 and l2}]
   (intersection-1) circle(1mm) node[right] {here};
```

上のコードは、l1 と l2 の交点に黒丸を描いて横に here というテキストを置く。図 2.1 のヘルパーグリッドとともに次のような出力になる（図 10.11）。

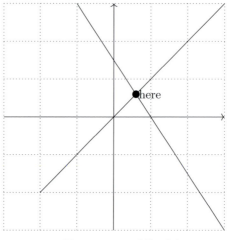

● 図 10.11　2 つの直線の交点

intersections ライブラリにあるキーワードとオプションを次に示す。

- `name path`：現在のスコープで作業中のパス名。スコープを越えたパス名には `name path global` を使う。

- `name intersections`：波括弧でオプションのリストを与える。
- `of`：`and` キーワードも使い、パス名を指定する。
- `total`：TikZ が見つけた交点の総数を格納するマクロ名。`foreach` ループで繰り返すのに役立つ。
- `by`：カンマ区切りの座標名のリストを、例えば `intersection-1`、`intersection-2`、`intersection-3` の代わりに `a`、`b`、`c` と使う。`foreach` での場合と同じく `...` 表記が使える。
- `sort by`：パス名のリストを与えて、TikZ の発見順ではなく交点座標で整列する。

この構文がよくわかる、もっと多くの交点があるより高度な例を作ろう。図 7.9 では三角形をクリッピングするために、パスと交差する円を描いた。それを使って、今度は次のように、2 つの三角形と重なる 2 つの円を描く。

```
\fill[name path=triangle, orange]
  (90:2) -- (210:2) -- (330:2) -- cycle
  (90:1) -- (330:1) -- (210:1) -- cycle;
\draw[name path=circle, dashed, gray]
  circle(1.5) circle(0.65);
```

これは次のようになる（図 10.12）。

● 図 10.12　塗りつぶした三角形パスと交差する円

キーとオプションを使って、すべての交点を見つけて整列する。

```
\fill[blue,
  name intersections = {of = triangle and circle,
  total=\max, name=c, sort by = circle}]
  \foreach \i in {1,...,\max} {
    (c-\i) circle(0.5mm)
    node[above left=0.5mm,font=\tiny, inner sep=0]{\i}};
```

TikZ は `\max=12` 個の交点座標を見つけ、円のパスの反時計回りに整列した。c 接頭辞により短縮表記を使える。このコードで次のように点とラベルが追加される（図 10.13）。

パスは連続ではなく、複数のシェイプだが、TikZ はパスの複雑性をものともせず、簡単に全交点を見つけたことがわかる。

10.6　まとめ

TikZ のループが信じがたいほど柔軟なことを学んだ。繰り返しがあって、コードを繰り返したくないなら、いつでもループを使える。

座標の計算も作業を楽にしてくれる。x 方向でも y 方向でも座標を足して、角度や距離

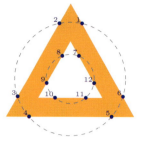

● 図 10.13　円と三角形の交点

で動かすことができる。ノードや座標の間に部分割合を置く部分修飾子が使える。これらは幾何学的なだけではない。これらの構文で、複雑な図式で直線、矢印、ノードの配置などが楽になる。

　Ti*k*Z で、直線、曲線、複雑なパスの交点が計算できるので、簡単な形からより複雑な形を作るのが楽になる。

　次章では、座標、パス、スコープを転置したり回転したり変換する方法を学ぶ。

10.7　さらに学ぶために

　`https://texdoc.org/pkg/tikz` にある Ti*k*Z マニュアルの次の節が本章のコマンド、構文、ライブラリのリファレンスになる。

- *Part VII, Section 88, Repeating Things: The Foreach Statement*：`\foreach` コマンドの詳細と構文を扱う。`https://tikz.dev/pgffor` にも記述がある。
- *Part III, Section 13.5, Coordinate Calculations*：`calc` ライブラリ。オンラインリンクは `https://tikz.dev/tikz-coordinates#sec-13.5`。
- *Part III, Section 13.3, Coordinates at Intersections*：パス交点について解説されている。オンラインリンクは `https://tikz.dev/tikz-coordinates#sec-13.3`。

すでにわかっていると思うが、Ti*k*Z ギャラリーには本章に関する例が多数ある。次が参考になる。

- `https://texample.net/tikz/examples/feature/foreach`
- `https://tikz.net/tag/foreach`
- `https://texample.net/tikz/examples/feature/coordinate-calculations`
- `https://tikz.net/tag/calc`

アルキメデス螺旋については `https://wikipedia.org/wiki/Archimedean_spiral` に説明がある。

第11章

座標とキャンバスを変換する

本章では変換を扱う。図 9.10 のコードで `yshift` オプションを使い座標を y 方向に上げたときに基本的な変換をすでに使った。本章では、移動、回転、スケーリングといった変換を徹底的に扱うとともに描画に応用する。

具体的には、次のテーマを扱う。

- ノードと座標のシフト
- 回転、スケーリング、斜めに傾ける
- キャンバスの変換

本章を終えたら、細かい調整だけでなく座標、ノード、辺、複雑なパスの複雑な相対配置を行うためのツールセットが揃ったことになる。

11.1 技術要件

`https://tikz.jp/chapter-11` で本章の全コード例を検討してコンパイルできる。コードは `https://github.com/PacktPublishing/LaTeX-graphics-with-TikZ/tree/main/11-transformingcoordinates` の GitHub からダウンロードできる。

本章では追加 TikZ ライブラリは必要ないが、`tikz-ext` パッケージを見ておいてもよいだろう。

11.2 ノードと座標のシフト

シフトから始める。これは、平行移動を意味する別の言葉で、座標やノードを直線上の別の位置に特定の距離または座標分だけ移動するということだ。

シフトでは次の 3 つのオプションがある。

- `xshift`：x 方向の移動距離。座標の x 値にこれを加える。
- `yshift`：y 方向の移動距離。TikZ はこれを座標の y 値に加える。
- `shift`：追加される座標。この x と y の値が座標の x と y に加算される。距離単位はつけてもよいがつけなくてもよい。座標は波括弧でくくらねばならない。

シフト値は、パスへのオプションにも使えるので、パスのどの座標にも適用できる。例えば、次のコマンドは、(0, 2) から (1, 3) に直線を引く。

```
\draw[yshift=2cm] (0,0) -- (1,1);
```

オプションを組み合わせられる。次のコードは半径 1 の円を中心 (1, 2) で描く。

```
\draw[xshift=1cm, yshift=2cm] (0,0) circle(1);
```

`shift` オプションなら、同じことを短く書ける。

```
\draw[shift={(1cm,2cm)}] (0,0) circle(1);
```

単位長のデフォルトを 1 cm から変えない限り、`shift={(1,2)}` と書いても同じになる。ただし、座標を波括弧でくくり、TikZ が正しくパースできるようにすることを忘れないことだ。特に、カンマ区切りオプションと座標を区切るカンマが取り違えられないようにする。

このような変換オプションを `scope` 環境を使い一度に適用できる。

オプションを角括弧でくくり、パス内の座標の開き丸括弧の直後に挿入して、その座標をシフトすることもできる。次のコマンドでは、直線を (3, 4) から (4, 5) に引く。

```
\draw ([shift={(2,3)}]1,1) -- (4,5);
```

10.3 節では座標計算の `calc` 構文を学んだ。次のコマンドは、先程のコードと同じことをする。

```
\draw ($(1,1)+(2,3)$) -- (4,5);
```

これらすべてを複雑で面倒だと考える読者もいるだろう。最終的な座標を最初から使えばよいのではないかと考えるかもしれない。このような処理を行う理由は、描画中に、アンカー、辺の位置、交点、射影など値がまだわからない座標が多数あることだ。そのような明示されてない座標の値を本章で学んだオプションを用いてノードや他のオブジェクトの位置に平行移動できる。例えば、次のコマンドは 2 つのノード A と B の間にノードを少し上に上げてテキストが直線と重ならないように置く。

```
\draw (A) -- (B) node[pos=0.5, yshift=2mm] {text};
```

置こうとしているノードの位置に平行移動を適用できることがわかる。ただし、既存のノードに対して平行移動することはできない。次のコードにはシフト効果がない。直線を A から B に引くだけだ。

```
\draw[yshift=2cm] (A) -- (B);
```

しかし、ノードのアンカー座標を参照すれば次のように移動できる。

```
\draw ([yshift=2cm]A.east) -- ([yshift=2cm]B.west);
```

A と B を `\coordinate (A) at (0,1)` のように `\coordinate` を使って定義しても、これらは空テキストのノードで、TikZ の座標になっていないので、上と同じような結果になる。もちろん、`(A.center)` のようにアンカーを参照すればよい。

次節では、座標とパスの回転とサイズ変更およびノードの平行移動を扱う。

11.3　回転、スケーリング、斜めに傾ける

回転とは、座標、ノード、パスを別の座標または軸のまわりに回転することだ。
次のオプションが座標とパスの回転に使える。

- `rotate`：座標やパスの座標系を原点のまわりに回転する角度を与える。ノードのオプションに用いた場合は、ノードの中央が回転の原点と考えられる。
- `rotate around`：回転角と座標を与える。与えられた座標のまわりに与えられた角度だけ回転する。

次のコマンドは原点のまわりに 45 度回転し、塗りつぶされた三角形を描く。

```
\fill[orange, rotate=45] (0,1) -- (3,1) -- (2,2) --cycle;
```

次の図で、灰色の元の三角形と回転したオレンジの三角形を比較できる（図 11.1）。

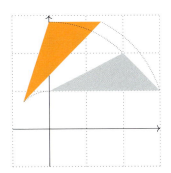

● 図 11.1　原点のまわりに三角形を回転する

次のコマンドでは、同じ 45 度の回転でも座標 (0,1) が回転の中心だ。

```
\fill[orange, rotate around={45:(0,1)}]
    (0,1) -- (3,1) -- (2,2) --cycle;
```

次の図で、違いがわかる（図 11.2）。

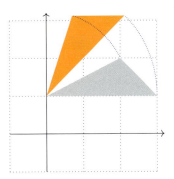

● 図 11.2　頂点のまわりの三角形の回転

`rotate around=45:(A)` のようにして座標やノード名を使うこともできる。パーシングのために波括弧を使って座標中のカンマを取り違えられないようにすることを忘れないことだ。この場合には、ノード A なのでカンマがないから、波括弧を省略して `rotate around=45:(A)` と書くことができる。

図 2.7 で使ったような 3 次元座標系では、次のように軸のまわりに回転できる。

- `rotate around x`：x 軸のまわりに反時計回りで与えた角度だけ回転する。ロールとも呼ぶ。
- `rotate around y`：y 軸のまわりに反時計回りで与えた角度だけ回転する。ピッチとも呼ぶ。
- `rotate around z`：z 軸のまわりに反時計回りで与えた角度だけ回転する。ヨーとも呼ぶ。

もちろん、これらの組み合わせも可能だ。ロール、ピッチ、ヨーと x、y、z 方向への移

11.3　回転、スケーリング、斜めに傾ける

動の 6 次元の自由度が 3 次元空間を移動するオブジェクトにはある。これらの用語は、航空力学や物理学で用いられる。

次はサイズ変更を取り上げよう。これはスケーリングファクタを設定すればできる。図 5.6 を振り返れば、スマイリーの絵が様々なサイズになっている。すでにサイズ変更と回転を一緒に使っていた。次のようなオプションがある。

- `scale`：座標に掛けるスケーリングファクタ。1 より大きければ大きく、1 より小さければ小さくなる。
- `xscale` と `yscale`：x 座標、y 座標にだけ掛ける値。負数なら、座標が反転する。`xscale` の値が −1 なら y 軸に関して反転する。`yscale` も同様だ。
- `scale around`：値と座標をとる。与えられた座標を中心としてサイズ変更する。`rotate around` に似ている。

例えば、次のコードは、座標値を 2 倍にして、2 倍のサイズの三角形を描く。

```
\draw[scale=2] (0,1) -- (3,1) -- (2,2) --cycle;
```

つまり、サイズ変更後、Ti*k*Z は (0,2)、(6,2)、(4,4) の頂点をもつ三角形を描く。

変換の中心の点を指定できる。例えば、次のようにすれば、(0,1) を中心としてスケーリングファクタを 2 で三角形のサイズ変更ができる。

```
\fill[orange, scale around={2:(0,1)}]
    (0,1) -- (3,1) -- (2,2) --cycle;
```

こうすれば、サイズ変更した三角形は、次の図にあるように (0,1)、(6,1)、(4,3) という頂点をもつ（図 11.3）。

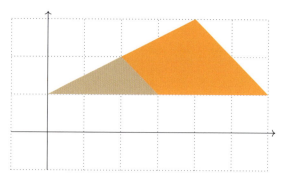

● 図 11.3　サイズ変更した三角形

サイズ変更の中心としてノード名を選ぶこともできる。

負のスケーリングファクタが何を意味するかを簡単に見ていこう。すでに述べたように、x や y を −1 でサイズ変更することは、y 軸や x 軸で反転することを意味する。値が −2 なら、反転した後でサイズを 2 倍にすることだ。次のコードは、すでに学んだ何か喋っているアヒルの画像の反転画像を生成する。

```
\begin{scope}[xscale=-1, transform shape]
    \duck[laughing, speech={\tiny Oh a mirror!}]
\end{scope}
```

次のような画像が得られるので、図 9.1 と比較できる（図 11.4）。

● 図 11.4　反転スコープ

`transform shape` オプションがテキストも含めてノードを反転していることに注意。これについては、複数の移動の適用の後で検討する。

スケーリング、回転、シフトを組み合わせることもできる。移動オプションの順序が違いをもたらすことを知っておくことが重要だ。例えば右から左というように移動を逆順に適用すると、最後にしていた移動が最初にくる。これを移動の入れ子と考えることもできる。学校の数学のことを思い出せば、入れ子になった関数 f、g、h では、$f(g(h(x)))$ が内側から外へと評価されるので、$h(x)$ から始まり、右から左へと評価されていた。

はっきりするように検討していこう。ほかに位置を与えられていない場合のデフォルトの $(0,0)$ にある簡単なノードを使う。次のコマンドは、ノード A を 45 度回転し、右へ 2 cm 動かすので、最終位置は $(2\,\mathrm{cm}, 0)$ だ。

```
\node[xshift=2cm, rotate=45] {A};
```

次のコードのように逆順だと、ノード B を 2 cm 右へ動かし、それから原点のまわりに 45 度回転するので、最終位置は極座標で $(45:2\,\mathrm{cm})$ となる。

```
\node[rotate=45, xshift=2cm] {B};
```

図 11.5 では、移動の順序を入れ替えると違いがあることがはっきりとわかる。練習問題として、ノード P と Q の移動を調べてみよう。反転も含まれている。

```
\node[rotate=45, yshift=2cm, yscale=-1] {P};
\node[yscale=-1, yshift=2cm, rotate=45] {Q};
```

図 11.5 で最終的な位置も確認できる。

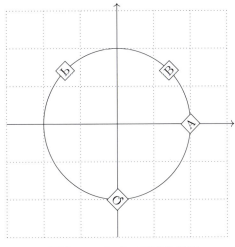

● 図 11.5　ノードへの複数個の移動

x 軸や y 軸以外の直線に関してオブジェクトを反転したい場合、複数の移動を使って実

現できる。まずオブジェクトを回転させて、軸に平行に沿うようにできる。シフトして軸に移動し、スケーリングファクタ −1 で反転し、シフトと回転でもとに戻す。`tikz-ext` パッケージにはもっと便利なやり方が含まれている。それを使えば、直線の 2 点を指定し、その直線に関してオブジェクトを反転できる。この追加パッケージとそのマニュアルは、`https://ctan.org/pkg/tikz-ext` からダウンロードできる。

移動においては、変数としてマクロを使い値を計算できる。`\foreach` ループと一連の値を使いサイズ変更と回転の練習を行おう。

次のコードを読んで理解してみよう。

```
\foreach \i in {90,85,...,5}
  \node[fill=black!\i, scale=\i, rotate=\i/2] {};
```

ここでループ変数 `\i` は、90 から始まり、5 ずつ減って 5 になる。この範囲は黒さの程度にも使っているのでループのたびに画像は明るくなる。図 10.10 のように evaluate を用いてループ変数を処理すれば色の値として使える。ループ変数 `\i` をスケーリングファクタとして使うので、デフォルトで四角形のノードは大きなものから小さなものへと変わる。`scale=0` は白の `black!0` 同様役立たないので、`\i` の値は 5 まで小さくなって終わる。

ループ変数が小さくなると色は明るくなりノードは小さくなる。45 度から始めて、ループ変数の半分の値で回転する。

このループで次のような図形ができる（図 11.6）。

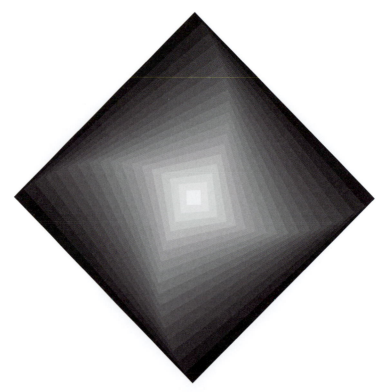

● 図 11.6　回転しながら小さくなる正方形

ノードのテキストが空なので四角形のシェイプは正方形だ。もしノードにテキストがあったらどうだろうか。

TikZ マニュアルの変形についての節には、「テキストのサイズ変更はよくない。少し回

126　11. 座標とキャンバスを変換する

転するのはまだましだ」という記述がある。テキストはサイズ変更で拡大するのではなく、大きなフォントを使って品質を維持すべきだから、よくないというのだ。よって、ノードのテキストはデフォルトではサイズ変更に影響を受けない。ただし、次の2つでサイズ変更できる。

- ノードのオプションに変更オプションを使う。
- 該当する \draw、scope 環境、tikzpicture 環境で transform shape オプションを追加する。

2番めの方法が簡単だ。サイズ変更や回転オプションを繰り返す必要がない。図11.8でサイズ変更したノードを使うが、斜めに傾けるのを先に試そう。

オプションは次のとおりだ。

- xslant：座標をx方向に、つまり水平方向に傾ける。
- yslant：座標をy方向に、つまり垂直方向に傾ける。

値が0だと効果はない。yslant の値を1にすると $(0,0)$ が $(0,0)$、$(1,0)$ が $(1,1)$、$(3,0)$ が $(3,3)$、$(1,1)$ が $(1,2)$ というように持ち上がる。負値なら逆方向、つまり下がる。

グリッドで効果を確かめよう。次のコマンドは 3×3 のグリッドを 0.5 傾ける。

```
\draw[yslant=0.5] (0,0) grid +(3,3);
```

グリッドは次のように傾く（図11.7）。

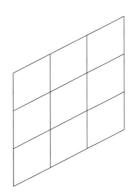

● 図 11.7　傾いた 3×3 のグリッド

斜めに傾けた効果を確認するために小さな図を一緒に置こう。まず、図11.7の傾いた 3×3 のグリッドを再度描き、色の変化をつけた 3×3 の四角形を一緒に置く。

```
\draw[yslant=0.5,
  left color=gray!10, right color=gray!70]
  (3,-3) rectangle +(3,3)
  (3,-3)    grid     +(3,3);
```

左側に、$(0,0)$ で、負の yslant 値のグリッドを、つまり下側に斜めに描く。

```
\draw[yslant=-0.5,
  left color=black!50, right color=gray!10]
  (0,0) rectangle +(3,3)
  (0,0)    grid     +(3,3);
```

それから、第3のを正のyslant値、負のxslant値で描く。

```
\draw[yslant=0.5,xslant=-1,
  bottom color=gray!10, top color=black!80]
  (3,0) rectangle +(3,3)
  (3,0)    grid    +(3,3);
```

これで立方体の3面を描いた。図を見る前に、ノードに斜めのテキストを追加しよう。十分大きくするために、スケーリングファクタを使ってノードテキストも拡大されるように明示的に指定する。

次がそのコードだ。

```
\node[yslant=-0.5, scale=3.2] at (1.5,1.75) {TikZ};
\node[yslant= 0.5, scale=3.2] at (4.5,1.75) {Cube};
```

コンパイルすると次の図が得られる（図11.8）。

● 図 11.8　斜めのグリッドで作られた立方体

下側の3つの隅は、左から右に (0,0)、(3,−1.5)、(6,0) となる。斜めに傾けた効果がテキストにも同様に働いていることがわかる。

これらの移動や変換とは別に、サイズと方向を維持するオプションがある。オブジェクトのある位置で回転とサイズ変更をするときに shift only オプションが使える。言い換えると、変換がその位置に適用されるが、オブジェクトそのものは変更しない。

次節では、移動や変換が意図した効果をもたらさない場合の処理方法を論じる。

11.4　キャンバスの変換

2つのノードの間を矢印でつないだ図4.1をもう一度見てみよう。矢印のコードは次のとおりだ。

```
\draw (tex) edge[->] (pdf);
```

矢印を2つ、片方は上に向き、片方は下に向くよう少し回転を掛ける練習をしてみよう。

```
\draw (tex) edge[->,yshift= 0.1mm, rotate= 4] (pdf);
\draw (tex) edge[->,yshift=-0.1mm, rotate=-4] (pdf);
```

コンパイルすると、両方のシフトも回転も効果がなくて、両方とも同じ矢印になってい

ることに驚くだろう。

　このような状況では、座標の代わりにキャンバスを変換できる。キャンバスは、紙を置いたような描画領域を指し、キャンバスの移動や変換は、座標、テキスト、線幅などすべてに適用される。PDF や PostScript の低水準の層での機能に関わるので、ノードやサイズを追跡把握できない。それでも、パスにこれを使って移動や変換を行える。これは、次のように、変換のオプションを transform canvas オプションにすればできる。

```
\draw (tex) edge[->,transform canvas={yshift= 0.1mm,
  rotate=4}] (pdf);
\draw (tex) edge[->,transform canvas={yshift=-0.1mm,
  rotate=-4}] (pdf);
```

このように変更すれば、図 4.1 を 2 つの矢印がシフトして回転した次の図にできる。

● 図 11.9　移動変換した矢印

サイズ変更のため、線幅も太くなっているが、これは座標変換では起こらないことに注意。

11.5　まとめ

　座標、パス、ノードをシフト、回転、斜めに傾けるといったことができるツールが手に入った。幾何学的変換を施すことで、高度な方法で、オブジェクトを配置し、方向やシェイプを変形できる。

　次章では、再度、描画を取り上げる。具体的には、見て気持ちのよいなめらかな曲線を描く方法をいくつも学ぶ。

11.6　さらに学ぶために

　https://texdoc.org/pkg/tikz の TikZ マニュアルでは、*Part III* の次のような節で移動変換を扱っている。

- *Section 17.7, Transformations*：ノードの移動変換を扱う。オンラインリンクは https://tikz.dev/tikz-shapes#sec-17.7。
- *Section 25, Transformations*：移動変換を全体として扱う。オンラインリンクは https://tikz.dev/tikz-transformations。
- *Part IX, Section 99.4, Coordinate versus canvas transformations*：座標変換とキャンバス変換の違いを説明する。オンラインリンクは https://tikz.dev/base-design#sec-99.4。

tikz-ext パッケージについての技術文書は https://texdoc.org/pkg/tikz-ext にある。

第12章

なめらかな曲線を描く

本書の最初のほうの章では、直線、矢印、四角形、円、楕円、円弧などのシェイプを描くツールを学んだ。ここでは、TikZ のスキルを高度化して、もっと複雑な曲線を描くことに挑戦する。

本章では、次のようなステップを踏む。

- 選んだ点を通過するなめらかな曲線を自分で作る
- 平滑化プロット機能を使って点を結ぶ曲線を描く
- 3 次ベジエ曲線の指定
- ベジエスプラインを使って与えられた点を結ぶ
- Hobby アルゴリズムを使って点をなめらかに結ぶ

各手法の検討では、同じ曲線に関して様々な手法の結果を比較して、技法の違いがどのように結果に影響するかを理解する。本章では、正確なパラメータを与えなくてもフリーハンドで描いたような上手な曲線を描くことに焦点を絞る。

本章を終えると、鉛筆で手描きするようになめらかで、途切れたり角があったりギクシャクしない曲線が簡単に描けるようになる。さらに、曲線がどのように作られたか、パラメータがどうだったかを知らなくても、それに基づいた TikZ の図を生成する方法がわかるようになる。

12.1　技術要件

https://tikz.jp/chapter-12 で本章の全コード例を実行できる。GitHub は https://github.com/PacktPublishing/LaTeX-graphics-with-TikZ/tree/main/12-drawing-smooth-curves だ。

本章では `spline` という TikZ ライブラリを使うが、これは https://github.com/stevecheckoway/tikzlibraryspline からダウンロードできる。LaTeX が見つけられるように TDS 内のしかるべきところか、そのほかの TeX が参照できるところに置いておくこと。また、標準的な LaTeX ディストリビューションに含まれる `hobby` ライブラリも使う。

12.2　選んだ点を通過するなめらかな曲線を自分で作る

最初の目標は、いくつかの点を通る、なめらかな曲線を描くことだ。与えられた曲線で同様に描くことが第 2 の目標だ。

私の本 LaTeX Cookbook の Chapter 10, Advanced Mathematics（10 章　高度な数学）に次のような関数プロットがある（図 12.1）。

本が手元にない場合、コードとプロットとを https://latex-cookbook.net/function-plot でオンラインで見ることができる。

この曲線を、次のような手順で再現する。

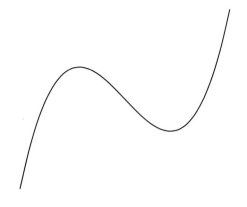

● 図 12.1　座標とパラメータを与えていない曲線の例

1. 曲線のいくつかの点の座標を得る。
2. これらの点をつなぐ曲線を描いて、元の曲線のように見えるようにする。
3. 部分ごとに始点と終点の角度、曲がり方や緩さなどを調整し、コンパイルしては比較して、元の曲線になるまで繰り返す。

第 1 ステップでは、図 12.1 の画像を、例えば `curve.png` のような通常の画像ファイルとして保存しておき、次のように `\includegraphics` を使って `node` に取り込む。

```
\node[opacity=0.5] {\includegraphics{curve}};
```

この `opacity` 値は曲線を薄い灰色にするので、黒で描く曲線と区別できる。次に前章でも行ったようにグリッドを追加する。今回は 1 cm 幅とより細かい 0.2 cm 幅の 2 つのグリッドを使い、座標値を読み取りやすくする。

```
\draw[very thin, gray, step=.2] (-3,-3) grid (3,3);
\draw[step=1] (-3,-3) grid (3,3);
\draw[->] (-3,0) -- (3,0) node[right] {x};
\draw[->] (0,-3) -- (0,3) node[above] {y};
```

曲線にグリッドを上書きしたので座標値の読み取りを始められる（図 12.2）。
1 cm 幅と 0.2 cm 幅のグリッドで、曲線の両端と間の 4 個ほどの点の座標が読み取れる。これらの点を前章で学んだように `\foreach` ループで描く。

```
\foreach \x/\y in {-3/-2.4, -2/0.4, -0.4/0.4,
  0.4/-0.4, 2/-0.4, 3/2.4 }
    \fill (\x,\y) circle (0.6mm);
```

もしも点がわずかでも曲線からずれていたら、座標値を調整して元の曲線上にくるようにできる（図 12.3）。

これからが面白いところだ。4.6 節で学んだ `to` オプションを使ってこれらの点を結んでいく。これはデフォルトでは直線を使う。今回は、各部分で始点の出射角と終点の入射角を指定し、さらに調整するために `looseness` を指定する。例えば、始点から 60 度、終点に 135 度、`looseness` は 1.2 という具合だ。

```
\draw ... to[out=60, in=135, looseness=1.2] ...
```

この方式のよいところはすべての点の入射角を指定できることだ。出射角は入射角の 180

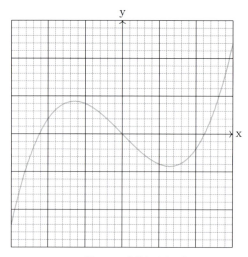

● 図 12.2　曲線とグリッド

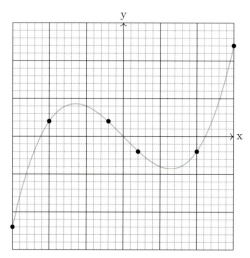

● 図 12.3　曲線上の適当に選んだ点

度反対にすれば、曲線がこの点で直線と接するようになる。

角度を指定し、コンパイルしては調整し、よい値が得られるようにする。次は、私が得た数値だ。

```
\draw (-3,-2.4) to[out=77,in=240] (-2,0.4)
   to[out=60, in=135, looseness=1.2] (-0.4,0.4)
   to[out=-45,in=135] (0.4,-0.4)
   to[out=-45,in=-120,looseness=1.2] (2,-0.4)
   to[out=60, in=257] (3,2.4);
```

確かに、元の曲線に沿わせるには何回も試行する必要があった。とりあえずなめらかな線を引くには、入射角と出射角を 180 度変えることを覚えておくとよい（図 12.4）。

グリッドを外せば、\draw コマンドと to オプションだけで次のような曲線になる。これは元の曲線に十分似ていて、非常になめらかだ。

もっと複雑な曲線を描く場合、もっと点が必要になるだろう。その場合には、すべての in/out 角を正しく設定するのはあまりに面倒だ。次節では、別の方式を試そう。

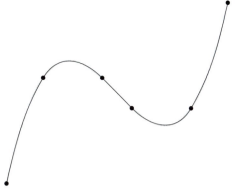

● 図 12.4　点を通過するなめらかなパス

12.3　平滑化プロット機能を使って点を結ぶ曲線を描く

Ti*k*Z では、関数のプロットを、数式にパラメータを与える方式と一連の座標を使う方式のいずれでも行える。次章でプロットについて詳しく学ぶが、ここでは、簡単に座標からのプロットについて学ぶ。

前節で使った点の集合を使おう。すでに述べたように、正確度を高めるにはもっと多くの点が必要だ。そこで、図12.2を再度調べ、2つのピークである2つの座標 $(-1.3, 0.86)$ と $(1.3, -0.86)$ を追加する。Ti*k*Z は、次のように `plot` 演算でこれらの点を簡単にプロットできる。

```
\draw plot coordinates {
    (-3,-2.4)   (-2,0.4)    (-1.3,0.86) (-0.4,0.4)
    (0.4,-0.4)  (1.3,-0.86) (2,-0.4)    (3,2.4) };
```

このコマンドでは、一連の直線の線分をつなげたものになる（図12.5）。

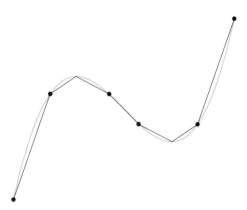

● 図 12.5　与えられた座標のプロット

これではなめらかでないが、`smooth` キーワードを `plot` のオプションとして追加してみよう。

```
\draw plot [smooth] coordinates {
    (-3,-2.4)   (-2,0.4)    (-1.3,0.86) (-0.4,0.4)
    (0.4,-0.4)  (1.3,-0.86) (2,-0.4)    (3,2.4) };
```

再コンパイルすると、次のようななめらかな曲線になる（図12.6）。

Ti*k*Z が線をなめらかにしてくれた。最初と最後の部分は直線になっていて、それでも

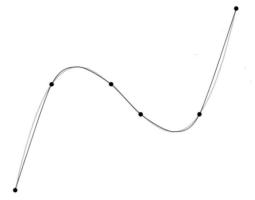

● 図 12.6　与えられた座標を通る平滑化プロット

よい場合もあれば、望ましくない場合もあるだろう。とにかく、点を増やせば曲線は望んでいたものに近くなる。少なくとも、入射角と出射角について考える必要はなくなる。

次節では、わずかなパラメータで曲線を定義する別の方式を示す。

12.4　3次ベジエ曲線の指定

前節では、折れ線では曲線のよい近似にならないことがわかった。放物線など2次曲線を使えばもっとなめらかなものになる。もっと柔軟性に富むのは3次曲線だ。コンピュータグラフィックスでは、いわゆるベジエ曲線が、他の多項式曲線の近似に使われる。3次ベジエ曲線が十分よい候補で十分に複雑だ。

本章の終わりの12.8節では、ベジエ曲線の数学について学べるウェブサイトが掲載されている。ここでは、TikZ がサポートしている3次曲線としてのみ、基本的なユーザ視点で見ていく。

TikZ では、座標 A と B を通る曲線を次のように制御点 P と Q を与えて宣言できる。

```
\draw (A) .. controls (P) and (Q) .. (B);
```

曲線は A から始まり P の方向に向かうが、AP が接線になっている。同様に、直線 QB から B での接線になるよう B へ向かう。P と Q は線上にはない。P と Q の距離が離れるほど、まず P にそれから Q へと曲線の振幅が大きくなる。P と Q はその距離に応じて曲線を強く引っ張るという感じだ。

この場合には、A と B が曲線の左端と右端だ。P と Q の値には実験が必要だが、次の選択が元の曲線に近づく。

```
\draw[dotted] (-3,-2.4)
  .. controls (-1,6.4) and (1,-6.4) .. (3,2.4);
```

この後の図 12.7 に制御点を示すが、勝手に選んだのではないことがわかる。対応する端点の接線になっているのだ。

相対極座標を用いると明らかになる。12.2 節の to オプションでも示されたように、始点の角度は 77 度、終点が 257 度だ。これを使って距離を十分大きな 9 にする。

```
\draw[thick] (-3,-2.4)
  .. controls +(77:9) and +(257:9) .. (3,2.4);
```

どちらの場合も次の図が得られる（図 12.7）。P と Q および補助線を灰色で示しておく。この曲線を 4 つの制御点だけで描けたのはどうしてだろうか。幸運なことに、元の曲線

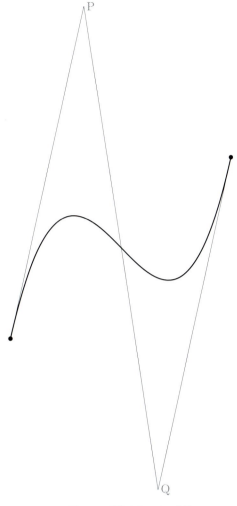

● 図 **12.7** 制御点とベジエ曲線

が 3 次関数 `x^3/5-x` であり、もっと高次の関数や三角関数、あるいはランダムなものではなかった。したがって近似がそれほど難しくはなかったということだ。

より複雑な曲線では、複数のベジエ曲線が必要となる。次節では、それがどれほど簡単になるかを学ぶ。

12.5　ベジエスプラインを使って与えられた点を結ぶ

これまでの手法は、多くの点によるもっと複雑な曲線を描くにはあまりにも手間がかかる。ベジエ曲線の制御点を試行錯誤で求めるのも難しい。スプラインと呼ばれる一連のベジエ曲線を使う必要がある場合には、この作業は悪夢に近い。

幸いなことに `spline` ライブラリがある。次のようにしてロードできる。

```
\usetikzlibrary{spline}
```

そして、両端の点を前と同じように指定し、途中を通過する点の座標の集合を spline through で指定する。

```
\draw[thick] (-3,-2.4)
    to[spline through={(-1.3,0.86)(1.3,-0.86)}] (3,2.4);
```

このライブラリは、一連のベジエ曲線からなるパスを作る。次のようになるが、スプラインの点の様子を示すために補助線を引いておいた（図 12.8）。

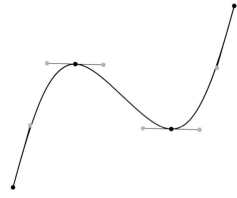

● 図 12.8　ベジエスプライン曲線

この図から、スプラインでは、制御点（始点と終点）を結ぶ線が接線になっていることがわかる。

次節では、全体的になめらかに曲線をつなげる同様の方式を学ぶ。

12.6　Hobby アルゴリズムを使って点をなめらかに結ぶ

グラフィック言語の MetaPost 作成者である John Hobby は、与えられた点の集合を結ぶ曲線を描くアルゴリズムを開発した。これは、内部では 3 次ベジエ曲線のリストを作るので、前節の方式とよく似ている。曲線は非常になめらかにつながるようパラメータ化される。これによって見事な結果が得られる。何かの近似というのではなく、非常になめらかな曲線だ。

つまり、異なる結果を得る別の構文ということになる。まず、hobby ライブラリをロードする。

```
\usetikzlibrary{hobby}
```

次に、始点と終点、そして 2 つの中間座標を与えてプロットを設定する。図 12.5 で使ったのと同じ座標で、結果を比較する。相違点は、plot オプションで hobby を使うことだ。

```
\draw plot[hobby] coordinates { (-3,-2.4) (-1.3,0.86)
    (1.3,-0.86) (3,2.4)};
```

コンパイルすると、驚異的に丸くてなめらかな曲線が得られる（図 12.9）。

hobby ライブラリは plot 以外に、4 章で学んである to オプションの簡単な構文も使える。始点から終点へ線を描くときに、curve through = coordinates というオプションでパスを指定できる。例を見ればすぐわかるだろう。次のコードは先程のものと同じ結果になる。

```
\draw (-3,-2.4)
    to[curve through = {(-1.3,0.86) (1.3,-0.86)}]
    (3,2.4);
```

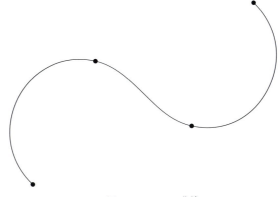

● 図 12.9 Hobby 曲線

好みの構文を使えばよい。

なめらかに閉じた曲線を得るには、次のように closed オプションを追加するととよい。

```
to[closed, curve through = {(-1.3,0.86) (1.3,-0.86)}]
```

次のように閉じたパスができる（図 12.10）。

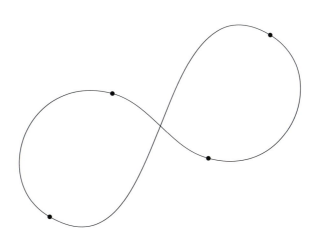

● 図 12.10 閉じたなめらかな曲線

図 12.9 の hobby 曲線の始点と終点を詳しく見れば、両端の部分が円弧のように描かれているのに気づくだろう。このデフォルトの処理を、次のように明示的に入射角と出射角を指定して変更できる。

```
\draw (-3,-2.4) to[out angle=80, in angle=260,
  curve through = {(-1.3,0.86) (1.3,-0.86)}] (3,2.4);
```

こうすると、図 12.9 が次のように変わる（図 12.11）。

始点の角度を 80 度、終点を 260 度と指定することで、曲線の曲がりが少なくなり、最

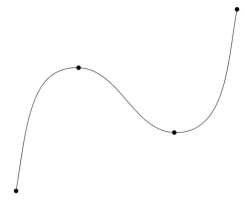

● 図 12.11　始点と終点の角度を指定した曲線

初の図 12.1 に似てきた。素晴らしくなめらかな曲線を描くために、始点、終点、および中間の 2 点を指定しただけだったことを注意しておこう。

`hobby` ライブラリは、曲がり方や緩さを調整するための `curl` や `tension` などいくつかのオプションがある。詳細をもっと知りたければ、`hobby` のマニュアルを見るとよい。今のところは、デフォルトの曲線でもう少し調べてみよう。

より多くの点を使えば、より複雑な曲線が描ける。ランダムにモコモコとした曲線を描くことにしよう。xy 平面で曲線の通過点をいくつか選ぼう。次のように選んでみる。

```
\foreach \c in {(0,0),(-1,-2),(-2,-1),(-1,0),
  (-1,2),(0,1),(2,1)} \fill \c circle (0.5mm);
```

点の位置は xy 平面で次のようになっている（図 12.12）。

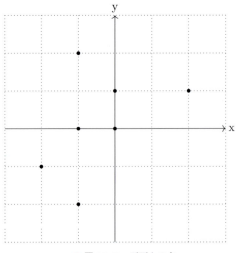

● 図 12.12　平面上の点

さて、課題はすべての点を通るなめらかな曲線だ。まずは、紙の上に手で描いてみよう。どんな方法でも難しそうに思えるが、`hobby` は別だ。楽勝だ。次のコードを試そう。

```
\draw[thick, fill=gray] (0,0) to[closed, curve through =
  { (-1,-2) (-2,-1) (-1,0) (-1,2) (0,1) }] (2,1);
```

次のようなシェイプが得られる（図 12.13）。

これは素晴らしくなめらかに点をつないでいる。細かく調整するために、点を少し動か

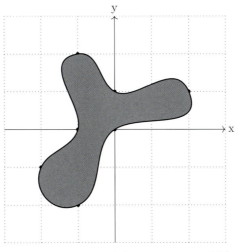

● 図 12.13　平面上の点をなめらかにつないだ曲線

して、好ましいシェイプになるまで試すことができる。

12.7　まとめ

　本章では、複雑だったり、ランダムに選ばれたり、数学的なパラメータがわからない曲線を近似する方法を学んだ。

　さらに重要なことは、複数の点を通るなめらかでエレガントな曲線の作り方を学んだことだ。

　次章では、プロット関数についてさらに学ぶが、数式もかなり扱う。

12.8　さらに学ぶために

　`https://texdoc.org/pkg/tikz` の TikZ マニュアルでは、*Part III* の次のような節で本章の内容を扱っている。

- *Section 14.3, The Curve-To Operation*：制御点を使った曲線の構文。オンラインリンクは `https://tikz.dev/tikz-paths#sec-14.3`。
- *Section 22, Plots of Functions*：`smooth` オプションを含めた TikZ の基本プロット構文。オンラインリンクは `https://tikz.dev/tikz-plots`。

　Wikipedia のベジエ曲線の解説 `https://en.wikipedia.org/wiki/B%C3%A9zier_curve` は、ベジエ曲線について学びさらに参考資料を探すよい出発点になるだろう。

　`http://weitz.de/hobby` は、Hobby アルゴリズムと 3 次スプラインを比較できる JavaScript のデモだ。マウスのクリックで点を定義したり動かしたりして描画できる。

　`hobby` ライブラリの説明は `https://texdoc.org/pkg/hobby` にある。背景に関しては、`https://texdoc.org/pkg/metapost` にある MetaPost マニュアルを読むと良い。具体的には、*Section 4.2, Specifying Direction, Tension, and Curl* が該当する。

第 13 章

2Dおよび3Dでのプロット

読者が科学者、アナリスト、エンジニア、教師、あるいは学生のいずれであっても可視化がデータの理解に欠かせないことはわかっているはずだ。

折れ線グラフ、棒グラフ、円グラフなどでデータを説明することに決めたなら、14章が役に立つ。

LaTeXで座標系を使ったデータを可視化するなら、本章が役立つ。

本章では次のようなテーマを扱う。

- プロット入門
- デカルト座標軸、目盛り、ラベルの作成とカスタマイズ
- プロットコマンドとオプションの使い方
- プロットの間の領域の塗りつぶし
- プロットの交点の計算
- 凡例の追加
- 極座標系の使用
- パラメトリック曲線のプロット
- 3次元のプロット

本章を学べば、科学や技術的な場面でデータセットや数学関数のプロットが簡単にできるようになる。

13.1 技術要件

https://tikz.jp/chapter-13 に本章のコード例がある。GitHub は https://github.com/PacktPublishing/LaTeX-graphics-with-TikZ/tree/main/13-plotting だ。

pgfplots パッケージが不可欠で、TeX ディストリビューションでインストールされていないといけない。pgfplots は PGF/TikZ パッケージで構築されているのでそれもインストール/ロードされていないといけない。PGF/TikZ を個別にロードしていなくても、pgfplots が自動的にロードする。tikz.jp、Overleaf、TeXLive.net を使っている場合には、pgfplots が含まれている。さらに、pgfplots にバンドルされている colormaps、fillbetween、polar という pgfplots ライブラリを使う。

13.2 プロット入門

商用ソフトウェア市場とオープンソースコミュニティの両方で、プロットに関してどのようなものが使えるのか、簡単にまとめて評価してみよう。

Mathematica と MATLAB のような商用ソフトウェアと、GNU Octave、R、Gnuplot、Python の Matplotlib のような無料のオープンソースソフトウェアがある。どのプログラムもプロットを作るのに使えて、LaTeX 文書に含められる画像としてエクスポートするこ

とができる。しかし、LaTeX 以外のソフトウェアの使用には次のような欠点がある。

- ソフトウェアをインストールするだけでなく、他のソフトウェアのインストールについて保守する必要が生じる。インストールやアップデートに料金支払いが生じ、ソフトウェアの機能が特定のコンピュータに依存することもある。
- インポートした画像は、PNG や JPG のようなラスタフォーマットだとピクセル化され、ぼやけることがある。スケーラブルな PDF イメージでエクスポートすべきだ。
- ラベルや数字のフォントの種類やサイズが、LaTeX 文書で使っているものと異なることがある。
- 数式、数学記号、矢印、線幅が LaTeX と大きく異なることがある。

MetaPost と **Asymptote** は、こういう場合のプロットや LaTeX との統合のために使われるプログラミング言語だ。**Asymptote** は非常に強力で、優れた 3D 機能を備える。しかし、両方とも新たに構文を覚える必要がある。同様に、**PSTricks** がプロットに使えるが、すでに読者が親しんでいる TikZ 構文とはかけ離れている。

TikZ を使って LaTeX で直接プロットを作ると、次のような利点がある。

- TikZ とそのプロットパッケージは、LaTeX を完全インストールしていればすぐ使える。
- TikZ は、明快で高品質なプロットを生成する。
- 文書中の LaTeX で作った数式や記号と、プロットとが一貫性を保つ。
- プロットの文書全体でのスタイルを定義しておき、繰り返す必要なしにプリアンブルでカスタマイズできる。
- 多くの機能とスタイルが LaTeX 環境でシームレスに働くよう設計されている。

12.3 節では、TikZ の `plot` 演算でパスを描いた。座標をつなぐことも、数学関数のプロットもできる。軸やグリッド、その他高度な機能なしでもプロットするぶんにはこれでもよい。さらに TikZ では最近 `datavisualization` ライブラリが追加されて、研究や高度で意欲的なことに使える。これは優れたものだ。

`datavisualization` ライブラリが提供される前に、Christian Feuersänger が TikZ 上に `pgfplots` パッケージを開発した。これは急速に成長して豊かな 2D および 3D 機能を備えるようになり、多数のユーザを抱えインターネット上に大量の実例を提供するようになった。本章では、確立されたパッケージである `pgfplots` に焦点を絞る。

`pgfplots` には優れたマニュアルがある。約 600 ページの厚さで詳細まで行き届き多数の例が載せられている。本章では、例を示しながらざっと `pgfplots` を紹介する。本章を読み終えてデータや関数をプロットする場合には、カスタマイズオプションなど `pgfplots` マニュアルで完全に調べておくのがよい。以下では、よく使われるオプションや機能だけを取り上げる。単なるプロットに収まらない面白いテーマを選んだつもりだ。

13.12 節に示した TikZ と `pgfplots` ギャラリーも見ておくとよい。コード付きの多数の例から、プロット設計の手がかりとさらなる見識が得られるはずだ。

`pgfplots` を使うには、いつものように文書のプリアンブルでパッケージをロードする必要がある。

```
\usepackage{pgfplots}
```

`pgfplots` には後方互換性を維持する素晴らしい方法がある。迅速な開発、多くの追加、頻繁な変更のために `pgfplots` は、互換性設定を導入した。例えば、私が本書で使ってい

る pgfplots の 2023 年のバージョン 1.18 の場合、次の指定をプリアンブルに追加しておくべきだ。

```
\pgfplotsset{compat=1.18}
```

こうすれば、後のバージョン、例えば 2.0 でも、バージョン 1.18 からどんな変更があったにせよ、1.18 と同じ出力が得られる。

`\pgfplotsset{compat=newest}` と指定すれば、常に最新版を使える。ただし、後で最新バージョンでコンパイルすると、描画した結果が異なることがあるので、この設定はお薦めしない。

本章の以降の節では、pgfplots の多くの機能を学んでいく。簡単なデータセットや数学関数をプロットする。実験結果などのより大きなデータセットをプロットする必要があるなら、次章で外部ファイルから取り込んだデータのプロットを扱う。さらに、その機能を使ってチャートなどを作る。

座標軸を作って調整するという基本的な作業を続けていこう。

13.3 デカルト座標軸、目盛り、ラベルの作成とカスタマイズ

12.2 節では自分で作った座標軸とグリッドで点を読み取り、曲線をプロットした。

今回は、pgfplots を使ってプロットして、構文がどうなっているかを学ぶ。

13.1 節で紹介した GitHub や tikz.jp のページからダウンロードできる次のコードを調べていこう。

```
\documentclass{article}
\usepackage{pgfplots}
\pgfplotsset{compat=1.18}
\begin{document}
\begin{tikzpicture}
  \begin{axis}[grid]
    \addplot[only marks] coordinates
      { (-3,-2.4)  (-2,0.4) (-0.4,0.4)
        (0.4,-0.4) (2,-0.4) (3,2.4) };
  \end{axis}
\end{tikzpicture}
\end{document}
```

これをコンパイルすると、次の出力が得られる（図 13.1）。

まず、pgfplots パッケージをロードして、互換性のためにバージョン 1.18 を指定する。pgfplots は TikZ を使っているので、あらゆるプロットは tikzpicture 環境になければならない。

プロットは axis 環境で行われる。座標範囲を含めて座標軸がプロットする図面を定義するので、これは当然だ。axis 環境では、座標軸が描かれ、grid オプションにすれば、長方形のグリッドが描かれる。\addplot コマンドがプロットの生成に使われる。only marks オプションは、座標点をつなげないで、点のマークだけをプロットするために使われている。

本章の残りでは、tikzpicture 環境を省略する。読者はこの環境がプロットを実現していることを知っているから、繰り返す必要はないだろう。

axis 環境ではプロットのために様々なオプションを設定できる。まず axis の様々な種類から見ていこう。

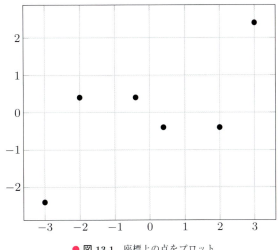

● 図 13.1　座標上の点をプロット

13.3.1　axis 環境を理解する

`axis` のほか、次のような環境が選択ができる。

- `axis`：デカルト座標系で使われる線形の座標軸。ほとんどの場合はこれを使う。3D の描画でも使われる。
- `semilogxaxis`：x 軸を対数目盛りにする
- `semilogyaxis`：y 軸を対数目盛りにする
- `loglogaxis`：x 軸も y 軸も対数目盛りにする
- `polaraxis`：極座標系の円環座標軸を作る。この後の 13.8 節で使う。polar ライブラリが必要になる。

本章では、主要概念を扱うために `axis` 環境と `polaraxis` 環境を使う。対数座標軸を使う必要があれば、pgfplots マニュアルを参照するとよい。

デフォルトでは、座標軸を含めた図は長方形で、目盛りやラベルがそれぞれの軸に沿って配置される。これは、実験データのプロットなどで使われる。

x 軸と y 軸が原点で交わる直交軸を学校で習ったのを覚えているだろう。これは、`axis lines=center` オプションで得られる。次の種類のプロットに移る前に、これをざっと見ることにしよう。\addplot コマンドで関数を描く。

```
\begin{axis}[axis lines=center]
  \addplot[samples=80, smooth, thick, domain=-3:3]
    {x^3/5 - x};
\end{axis}
```

これは 3 次関数による 3 次曲線になるが、座標軸は学校で習ったように中央で交差する（図 13.2）。

この曲線は見慣れているはずだ。12.2 節で例として描いたものだ。

この関数のプロットでは、中央に座標軸を配置すると、関数がゼロになるところも、対称性があるかどうかも平面内の位置もよく見てとれる。2D プロットで継続して使うのはそういった理由からだ。

3 次関数を 80 個の標本点を太い曲線でなめらかにつないでプロットした。\addplot オプションが次節のテーマだ。今はまだ `axis` を扱う。

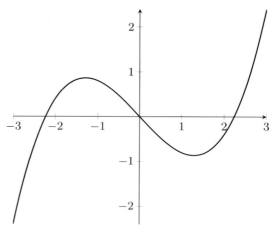

● 図 13.2　中央に x 軸と y 軸がある 3 次曲線のプロット

　　`axis lines` では、次のような値を与えることができる。

- `box`：デフォルトで、表示範囲を長方形の枠で囲み目盛りやラベルを外側に配置する。
- `center` と `middle`：同意語でどちらも同じく、原点 (0, 0) で交差するよう中央に座標軸を配置する。座標の表示範囲に原点が含まれていないと、座標軸を 0 に近い側に置く。
- `none`：座標軸を隠して、描かない。邪魔な線やラベルをなくしてプロットだけに焦点を絞りたい場合に使う。

個別の座標軸について指定することもできる。`axis line` と同じ値が使える。

- `axis x line`：`top` とすると y の最大値で描き、`bottom` なら y の最小値で描く。`box` なら両方を描く。
- `axis y line`：`left` なら x の最小値で描き、`right` なら x の最大値で描く。`box` なら両方を描く。3D なら同じことを `axis z line` について指定できる。

　　`pgfplots` はサイズとスケールを自動的に決定する。図 13.1 の場合、プロットが座標値に基づくので座標軸の x と y の範囲は明らかだ。図 13.2 の場合には数学関数なので、関数の領域である x の範囲を定義する必要がある。`domain=-3:3` と設定することで範囲を $x = -3$ から $x = 3$ までと定める。y の範囲は自動的に計算される。

　　最初の例からわかるように、`pgfplots` は可能な限り計算し、意味のあるデフォルトで処理する。しかし、座標軸の範囲を次のように設定することもできる。

- `xmin, xmax`：x 軸の最小値と最大値を定義する。
- `ymin, ymax`：y 軸の最小値と最大値を定義する。
- `zmin, zmax`：3D プロットで同じことを z 軸について行う。

　　これらは、プロットの領域と同じである必要はない。

　　x 座標の範囲と y 座標の範囲とが大きく異なる場合、スケール変更をする。そうしたくない場合は、`axis equal` オプションを使う。こうすると、y も x も同じサイズになる。必要なら、プロット全体のアスペクト比がそのまま保たれるように描画を拡大する。これは、この後の図で使用する。`pgfplots` で範囲を拡大せず、x と y の単位を同じサイズにするためには、`axis equal image` オプションを使う。これを使うと、より小さな画像

になる。次節の図 13.4 で見る。

一般に、次のキーワードを使ってサイズとアスペクト比を変更できる。

- `width`：`width=6cm` や `width=\textwidth` などのようにどんな TeX の単位でも使える。
- `height`：これも `height=4cm` や `height=0.25\textheight` のように TeX の長さ単位を使える。

`width` か `height` のどちらかを設定すると、他方はアスペクト比を維持するよう計算される。両方を設定すると、それによってアスペクト比が変わる。

13.3.2 目盛りとラベルのカスタマイズ

軸の目盛りをカスタマイズできる。図 13.1 や 13.2 で見たように `pgfplots` はデフォルトで適当な値を選ぶ。`xtick distance`、`ytick distance`、`ztick distance` という `axis` オプションで目盛りの間隔を設定できる。次のように行う。

```
\begin{axis}[xtick distance=2, ytick distance=0.5]
  ...
\end{axis}
```

これで、x 軸の目盛は $-4, -2, 0, 2, 4, 6, \ldots$、y 軸の目盛は $-1, -0.5, 0, 0.5, 1, 1.5, \ldots$ となる。

この後は、x オプションだけ示して y や z のオプションを示さないこともあるが、それらも同様になることに注意。

別の目盛りのオプションも設定できる。x 軸の目盛りをすべて取り除くには、`xtick=\empty` とする。これは `ytick` や `ztick` でも同様だ。目盛りとして表示する値だけを波括弧でくくって `xtick={1, 2, 8, 10}` のように指定することもできる。

`ytick=data` のように `data` を指定すると、データの座標に目盛りを表示する。

普通の目盛りの間に、いわゆる補助目盛りをつけることもできる。すべての軸には `minor tick num`、x 軸だけなら `minor x tick num` として、補助目盛りの個数を与えればよい。例えば、`minor tick num=3` という `axis` オプションで図 13.2 が次の図 13.3 のようになる。

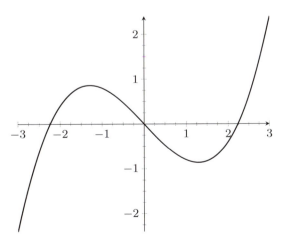

● 図 13.3　補助目盛り付きの座標軸

デフォルトの目盛りラベルが大きすぎるなら、サイズや色といったスタイル要素をカス

タマイズできる。`tick label style = { ... }` というように使えばよい。次の描画ではこれを使う。

例えば、デフォルトの数値ではなく、よりよさそうなラベルに変えることもできる。例えば、`xticklabels = { ... }` として、波括弧の中に任意の値、記号、LATEX コマンドを目盛りの個数だけ置けばよい。必要なら、y 軸と z 軸にも同じようにできる。

そのようなオプションを使った図の例として、4 次関数のプロットを行う。カスタマイズした目盛りを使う。目盛りに分数を使い、長い小数を使うのを防ぐ。

次のコードを使う。目盛りオプションを太字にしてある。

```
\begin{axis}[axis lines = middle, axis equal image,
  domain = -1.25:1.25, y domain = 0:1.25,
  ymax = 1.2,
  tick label style = {font=\scriptsize},
  xtick = {-1, -0.5, 0.5, 1},
  xticklabels = {-1, $-\frac{1}{2}$, $\frac{1}{2}$, 1},
  ytick = {0.25, 0.5, 0.75},
  yticklabels = {$\frac{1}{4}$,
    $\frac{1}{2}$, $\frac{3}{4}$ ]
  \addplot { (x^2-1)^2 };
\end{axis}
```

これは、ずっとよい LATEX っぽい見た目の目盛り表示になる（図 13.4）。

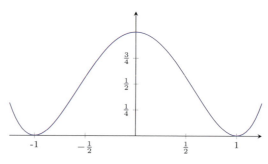

● 図 13.4　目盛りのカスタマイズ

さらに調整するには、`pgfplots` マニュアルを参照するとよい。マニュアルの Section 4.15, Tick Options には、目盛りの配置、シフト、サイズ変更、並べ方などが述べられている。本章では、より一般的なデザイン項目を扱う。

13.4　プロットコマンドとオプションの使い方

`\addplot` という最も重要なコマンドをすでに学んだ。13.3.1 項でオプション付きの `\addplot` を使ったとき、プロットが黒色だったことに気づいたはずだ。オプションを使わなければ、青色になる。

理由は、いわゆるサイクルリストにプロットの色やマーカのスタイルが含まれているからだ。デフォルトでは、最初のプロットが青、次が赤、3 番めが緑だ。この詳細は `pgfplots` マニュアルにあり、色がどうなるかを理解できる。

`\addplot[color=yellow, ...]` と使えば、このオプションがデフォルトのオプションを置き換える。

ただし、`\addplot+` コマンドは与えたオプションをデフォルトオプションに追加する。

本章ではこれは使わないが、最初の 3 プロットをデフォルトの `cycle list` の青赤緑にしたい場合やオンラインで使用例を見るときなど、知っておくと役立つ。

どちらのコマンドでも、複数の使用法がある。

- `\addplot coordinates {...}`：図 13.1 のように座標をプロットする。
- `\addplot table {...}`：波括弧内に与えたテキストまたはファイル名によるテーブルのデータをプロットする。本書のウェブサイト https://tikz.jp/plotting-data にサンプルデータファイルとともに例が掲載されている [*1]。
- `\addplot {<math expression>}`：最も興味深い使用法。数式を評価し、標本点をとり、PGF/TikZ math エンジンでプロットする。外部プログラムは必要ない。図 13.2 ですでに使った。
- `\addplot (<x math expression>, <y math expression>)`：これらは、x 座標、y 座標を使うパラメトリック曲線のプロットだ。これは後の 13.9 節で使う。数式には丸括弧が使われるので、パーサが混乱しないように波括弧でくくっておくのがよい。13.9 節の図 13.12 でその実例を見る。
- `\addplot3`：`\addplot` の 3 次元で、`\addplot` と同じように働く。13.10 節で例を扱う。

スタイルオプションは、本章の例にもあるように、いつものように角括弧でくくる。

大域的にプロットのスタイルを設定するコマンドもある。次の例を見よう。

```
\pgfplotsset{every axis plot post/.append style =
    {samples=80, smooth, thick, black, mark=none} }
```

これはプロットごとに標本点が 80、曲線を平滑化し、太線で黒のマーカなしのプロットを定義する。一度これを書いておけば全プロットに適用される。ただし、`axis` 環境またはコマンドのオプションとして `every axis plot post/.append style` を指定すればいつでも上書きは可能だ。

他の 2D 関数の描画についてはこのスタイルを継続して使う。

次節では、連続プロットの下部や 2 つのプロットの間の塗りつぶし方法を学ぶ。

13.5　プロットの間の領域の塗りつぶし

7.3 節では、TikZ パスで囲まれた領域の塗りつぶしを扱った。今度は、同じことをプロットで扱う。

関数の定積分を覚えているだろうか。関数の曲線と x 軸との間の区間の面積を求める手法である。その可視化の方法を見ていこう。

`fillbetween` ライブラリがプロットと座標軸との間の領域を塗りつぶす方法を提供する。

```
\usepgfplotslibrary{fillbetween}
```

座標軸に TikZ パスとしてどう扱うか見てみよう。`pgfplots` は、独自の座標系を備えていて `axis cs` プレフィックスでアクセスできる。これを使うと、プロットの座標系の座標が TikZ 座標に変換される。TikZ では座標 `(axis cs:1,2)` とすると、TikZ のサイズとは無関係にプロットの座標系の座標 $(1, 2)$ になる。

[*1]　［訳注］このサイトがない場合は、https://tikz.net/data を使うとよい。

次の例ではプロットにパス名を与える。そして、`axis cs` 座標で TikZ パスを定義する。最後に `\addplot` に `fill between` 演算を用いる。

```
\begin{axis}[axis lines = center,
  axis equal image, domain = -1.5:1.5]
  \addplot[name path=quartic] {(x^2-1)^2};
  \path[name path=xaxis] (axis cs:-1.6,0)
    -- (axis cs:1.6,0);
  \addplot[darkgray,opacity=0.5]
    fill between[of=quartic and xaxis];
\end{axis}
```

これは次のような画像になる（図 13.5）。

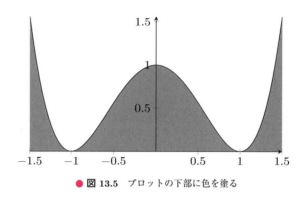

● 図 **13.5** プロットの下部に色を塗る

プロットと座標軸との間の全領域が塗られた。`soft clip` オプションを使えば特定の領域に制限できる。

```
\addplot[darkgray, opacity=0.5]
  fill between[of=quartic and xaxis,
    soft clip = {domain=-0.5:0.5} ];
```

変更後の結果は次のようになる（図 13.6）。

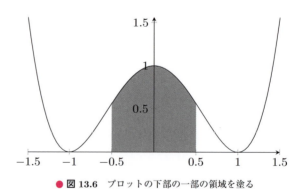

● 図 **13.6** プロットの下部の一部の領域を塗る

どんな曲線間でも色塗りできる。次の例では、既知の 3 次曲線と 4 次曲線の間の領域を塗る。

```
\begin{axis}[axis lines = center, axis equal,
    domain = -1.5:1]
  \addplot[name path=cubic]    {x^3/5 - x};
```

```
    \addplot[name path=quartic] {(x^2-1)^2};
    \addplot fill between[of=cubic and quartic, split,
      every segment/.style      = {transparent},
      every segment no 1/.style = {gray,opaque}];
  \end{axis}
```

このコードは次のような画像になる（図 13.7）。

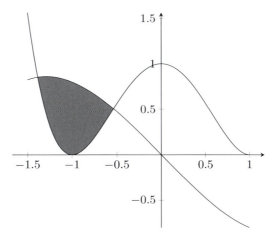

● 図 **13.7** プロット間の領域の塗りつぶし

曲線が複数箇所で交わる場合、split オプションが色を塗る領域を segment と呼ばれる複数の部分に分ける。

すべての segment が、灰色の segment 1 を除いては透明に定義されている。

次節では、曲線の交点の扱いについて述べる。

13.6　プロットの交点の計算

10.5 節では Ti*k*Z パスの交点を計算した。同様に、pgfplots にプロットの交点を決定させられる。前節のように fillbetween ライブラリを使っているなら、pgfplots は自動的に TikZ intersections ライブラリをロードしている。そうでない場合は、自分でロードできる。

まず、各プロットパスに名前をつける。それから、10.5 節でやったことと同様に交点を計算する。該当箇所を太字で表示する。

```
  \begin{axis}[axis lines = center, axis equal,
    domain = -1.5:1]
   \addplot[name path=cubic]   {x^3/5 - x};
   \addplot[name path=quartic] {(x^2-1)^2};
   \fill[name intersections = {of=cubic and quartic,
    name=p}]
      (p-1) circle (2pt) node [above right] {$p_1$}
      (p-2) circle (2pt) node [left]        {$p_2$};
  \end{axis}
```

\path を使うこともできたが、コマンドを使って塗りつぶした小円を交点に置いた。
次のプロットが得られた（図 13.8）。

プロットパスが別のスコープにあり、name path がうまくいかない場合には、代わり

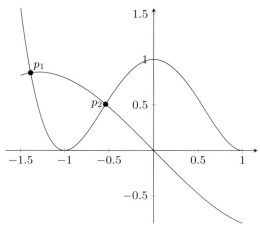

● 図 13.8 プロットの交点

に name path global を使える。他のパス名と重ならない、一意な名前でなければならない。

このプロットのように、2つ以上の関数があれば、凡例を使って区別できるのがよいだろう。そこで、次節ではそうする。

13.7 凡例の追加

いくつかのプロットやデータセットがある場合、各プロットに異なる色を割り当て記述するとわかりやすい。そのために凡例を追加できる。通常、凡例はプロット領域内の四角形領域で、各プロットを表す記号や色が簡単な記述とともに与えられている。

先程の例に関しては、次のような axis オプションを追加するだけでよい。

```
legend entries = {$\frac{1}{5}x^3-x$, $(x^2-1)^2$}
```

これで、プロットを説明する凡例の囲みができる（図 13.9）。

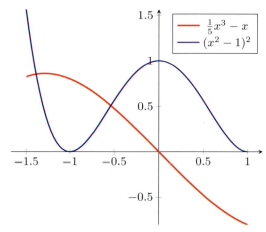

● 図 13.9 凡例のあるプロット

凡例をプロットの左上に置くには axis オプションで legend pos = north west を追加する。同様に、south west や south east を選ぶこともできるが north east がデフォルトだ。凡例を置くのに適当な空白がない場合には、legend pos = outer north east とできる。こうすると凡例がプロットに重ならないで右上に置かれる。こ

150　13. 2D および 3D でのプロット

れは図 14.13 に示している。

位置や見え方の他のオプションについては、`pgfplots` マニュアルを参照するとよい。
次に、デカルト座標と異なるオプションを調べよう。

13.8 極座標系の使用

2.3.2 項で極座標を扱った。極座標は回転対称や球対称のデータを扱うのに最適だ。2.3.2 項を図 2.5 を含めて復習しておこう。

極座標を使うには、対応ライブラリのロードが必要だ。

```
\usepgfplotslibrary{polar}
```

次に、新たな `polaraxis` 環境を作る。これは通常の `axis` 環境と同じように使えるが、ラベル、目盛り、グリッドが放射状になっている。次を見よう。

```
\begin{polaraxis}
  \addplot[domain=0:180, samples=100, thick] {sin(3*x)};
\end{polaraxis}
```

$\sin(x)$ の極プロットは単純な円だが、この簡単なプロットコマンドは次のような 3 片のプロットをもたらす（図 13.10）。

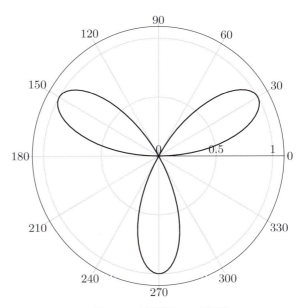

● 図 13.10　極座標系での三角関数

次のように、これをさらに進めて、引数に分数を与え、より広大な領域をプロットできる。

```
\addplot[domain=0:2880, samples=800, thick] {sin(9*x/8)};
```

これは原点のまわりを何周もして次のような画像になる（図 13.11）。

まとめると、極座標での関数は、角度と半径で簡単に定義できる。次節では、パラメトリックな別の極プロットを作ろう。

13.9 パラメトリック曲線のプロット

10.3 節では `calc` パッケージを使ってアルキメデス螺旋を図 10.8 や 10.9 で描いた。プ

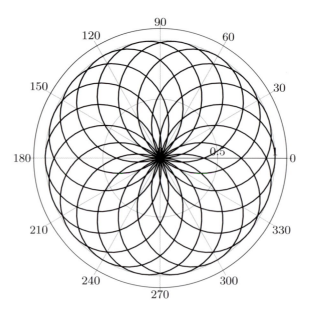

● 図 13.11　360 度を何回もまわる三角関数

ロットでは構文がやさしくなり、座標軸と座標系が描かれる。

　角度にこれまでの度ではなく、ラジアンを使う。これは特に数学者が使う、別の角度の表示方式だ。ラジアン値は単なる数値だが、通常 π の倍数として表す。例えば、直角 90 度は、π/2 と表し、180 度は π だ。180 度は約 3.14 ラジアンだが、そう書かずに π を使う。同様に、360 度は 2π、1080 度は 6π だ。

　次のプロットではラジアン値でラベルを示す。そのために次のコマンドで、プロットの形式をラジアンに設定する。

```
\pgfplotsset{trig format plots=rad}
```

これで、プロットする領域でラジアン値を使い計算もできる。10.3 節で行ったものと似たアルキメデス螺旋をプロットしよう。

　基本的な数学の知識で、円をパラメータ化する方法が考えられる。r を円の半径、t を角度とすれば、$x(t) = r\cos(t)$ かつ $y(t) = r\sin(t)$ だ。半径が一定であり、原点からの距離が等しくなる。螺旋では原点からの距離が角度の増減に伴って増減する。ここでは、原点からの距離が角度に等しいアルキメデス螺旋を描く。これは、$(x, y) = (t\cos(t), t\sin(t))$ という円のパラメータ化と似たものだ。

　次のプロットでは、ラジアンの領域を使い、目盛りやラベルに π の倍数を使う。さらに、変数 x を t と変えて、デカルト座標の x ではないことをはっきりさせる。

　コードは次のとおりで、新たに追加した部分を太字にしてある。

```
\begin{axis}[axis lines = middle, axis equal,
    domain = 0:6*pi, ymin=-18, ymax=18,
    xtick = {-4*pi,-2*pi,pi,3*pi,5*pi},
    ytick = {pi, 2*pi, 3*pi, 4*pi, 5*pi},
    xticklabels = {$-4\pi$, $-2\pi$,
      $\vphantom{1}\pi$,$3\pi$, $5\pi$},
    yticklabels = {$\vphantom{1}\pi$,$2\pi$,
      $3\pi$, $4\pi$,$5\pi$}
  ]
```

```
    \addplot[samples=120, smooth, thick, variable=t]
        ( {t*cos(t)}, {t*sin(t)} );
\end{axis}
```

これをコンパイルすると次の図が得られる（図 13.12）。

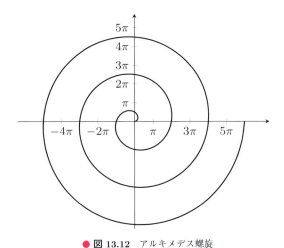

● **図 13.12** アルキメデス螺旋

前節の極座標を思い出して試してみよう。アルキメデス螺旋の極プロットは、このようにするとやりやすい。次に、度を使い、原点のまわりでもっとループしよう。

```
    \addplot[domain=0:2880, samples=200, smooth, thick] {x};
```

半径（y）を角（x）と等しくすれば、次の極プロットが得られる（図 13.13）。

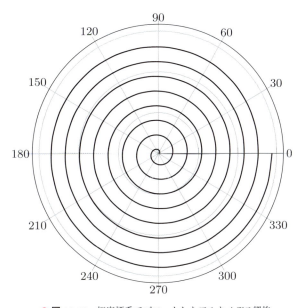

● **図 13.13** 極座標系でプロットしたアルキメデス螺旋

同じことを `data cs=polarrad` と設定してラジアンでも行える。

```
\addplot[domain=0:16*pi, samples=400, smooth, thick,
    data cs=polarrad] {x};
```

パラメトリック曲線のプロットとラジアンがわかったので、これらを 3 次元で使おう。

13.10　3 次元のプロット

pgfplots には素晴らしい 3D プロット機能がある。カスタマイズできるオプションも非常に多いので、ほとんどの詳細はマニュアルを見てもらうことにして、いくつかの例題だけ見ていこう。

\addplot に似た \addplot3 コマンドを使う。$z = f(x, y)$ のような関数を扱う。

pgfplots では 3D の軸が簡単に提供されており、箱のようにデフォルトで目盛りが与えられる。興味深い機能の 1 つにカラーマップがある。3D 可視化を z 値のカラーマッピングで改善できる。まず、対応ライブラリをロードしよう。

```
\usepgfplotslibrary{colormaps}
\pgfplotsset{trig format plots=rad}
```

白黒のカラーマップで、z の最小値を黒、値が大きくなると明るくなるようにする。z の最大値は白になる。

典型的な可視化は、x と y に依存する関数 z を表すメッシュを描く surface plot だ。次の例でやり方がわかるはずだ。

```
\begin{axis}[
    domain   = -4:4, samples y = 80,
    y domain = -4:4, samples   = 80,
    colormap/blackwhite, grid]
    \addplot3[surf] { cos(sqrt(x^2+y^2)) };
\end{axis}
```

ここで学ぶ新たな構文が少しある。surf は曲面プロットのことで、colormap/blackwhite はカラーマップを表す。より小さな値の点がより黒く表示されて立体感が深まる。これは、原点からの距離を sqrt(x^{}2+y^{}2) で計算したもののコサイン値のプロットだ。ピタゴラスの定理を思い出そう。基本的には、コサインの曲線を z 軸のまわりで回転したもので、次のプロットになる（図 13.14）。

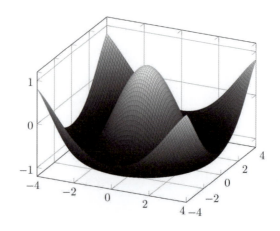

● 図 **13.14**　3D 座標軸のプロット

プロットの座標の長方形の辺では、xy 長方形が座標のサンプルに使われているのがわかる。もし、円形領域でサンプルをとるとしたらどうだろうか。その場合には、半径 r と角 t を 3D で螺旋をプロットしたようにできる。

図13.4 の 4 次関数を z 軸のまわりで回転しよう。13.9 節で示した円のパラメータ化の x、y と、z が 4 次関数の値で半径 r に適用するという x、y、z のパラメータ化を行う。以前とは異なる、明るいカラーマップで、変数の名前を変え、軸を表示しない。z buffer=sort オプションを使う必要がある。これは、点を z 座標の値でソートし、私たちの視点に近い方の点が、遠くの点より後で描画されるようにする。こうすると、私たちの視点に近い前面のプロットが背後のプロットで上書きされなくなる。新たな構文要素を太字にしておく。

```
\begin{axis}[hide axis, colormap/hot2]
  \addplot3 [surf, z buffer=sort, trig format plots=rad,
    samples=65, domain=-pi:pi, y domain=0:1.25,
    variable=t, variable y=r]
    ({r*sin(t)}, {r*cos(t)}, {(r^2-1)^2});
\end{axis}
```

カラーマップのおかげで、このような表面プロットが得られた（図13.15）。

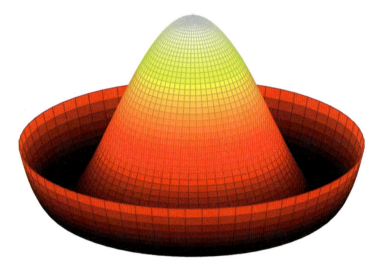

● 図 13.15　ソンブレロプロット

本節は pgfplots による 3D プロットを簡単に紹介して、何ができるかを掴んでもらった。このようなプロットについて pgfplots マニュアルには例もたくさんあって良い手引となる。

13.11　まとめ

本章では、データ点や数学関数を可視化する知識とスキルを身につけた。データセットや関数を 2 次元と 3 次元で、デカルト座標でも極座標でも、よくわかり見やすいようにプロットできる。

次章では、チャートやグラフでデータを表示する方法について学ぶ。

13.12　さらに学ぶために

https://texdoc.org/pkg/tikz の TikZ マニュアルでは、*Part III, Section 22,*

Plots of Functions で基本的なプロットを扱っている。オンラインリンクは https://tikz.dev/tikz-plots．だ。

TikZ マニュアルの *Part VI, Data Visualization* ではデータ点と関数プロットを 100 ページ以上かけて詳しく説明している。これらは新しいが有望な概念で、pgfplots の新たな代替と考えてもよい。オンラインリンクは https://tikz.dev/dv だ。

pgfplots パッケージについては、マニュアルに詳細に述べられている。この優れた文書には多数の例とチュートリアルまで含まれている。コマンドラインで texdoc pgfplots と入力してもよいし、https://texdoc.org/pkg/pgfplots に行ってもよい。

過去の章で、tikz.dev の内容は気に入っただろうか。もし気に入っていたなら、pgfplots マニュアルがオンラインで使えることを喜んでもらえるだろう。https://tikz.dev/pgfplots にある。

私が書いた *LaTeX Cookbook* には、その 10 章でプロットの例を紹介してある。興味深い 2D と 3D の座標軸のスタイルも載せてあるが、それが本章のもとになった。https://latex-cookbook.net/tag/pgfplots を見るとよい。

おなじみの TikZ ギャラリーでも、https://tikz.net や https://texample.net にプロットの例がある。https://pgfplots.net も訪問する価値がある。

さらに、マニュアルの例だけ抜き出したギャラリーがある。https://pgfplots.sourceforge.net/gallery.html で見つかる。

tikz-3dplot は TikZ の 3D 機能を拡張した別のパッケージだ。著者の Jeff Hein がその紹介を https://latex.net/tikz-3dplot で述べている。マニュアルは https://texdoc.org/pkg/tikz-3dplot で読める。

第14章

各種チャートを描く

標準的な文書に限らず、プレゼンスライド、ポスター発表などでは、情報をビジュアルに表すために様々なチャート（ダイアグラム）を使う。本章では、TikZ でそのようなチャートを作る方法を学ぶ。

本章では次のようなテーマを扱う。

- フローチャートの作成
- 関係図の作成
- 説明図を描く
- 量を表示するチャートの作成

ノード、スタイル、配置、矢印などでこのようなチャートを作るツールがあるのだから、本章では、チャート全体を作るパッケージに焦点を絞る。

本章をマスターすれば、色彩豊かで印象深いチャートをどのような場面でも作れるようになる。

14.1 技術要件

https://tikz.jp/chapter-14 に本章のコード例がある。GitHub は https://github.com/PacktPublishing/LaTeX-graphics-with-TikZ/tree/main/14-diagrams だ。

smartdiagram、sansmath、pgf-pie、wheelchart、fontawesome5 というパッケージを使う。

14.2 フローチャートの作成

ワークフローのようなプロセスを説明したい場合、フローチャートを作ることができる。そのようなチャートは、例えば、プロセスの各ステップや決定点を表すノードとプロセスフローを表す矢印からできている。フローチャートは、4章ですでに作っている。結果は図 4.6 だ。

本節では、簡単にフローチャートやその他のチャートを作ることができる便利なパッケージを学ぶ。このパッケージは smartdiagram と呼ばれ、名前通り役に立つ。この後、ほんの数行で素早くフローチャートができることを示す。

まず、パッケージをロードしよう。

```
\usepackage{smartdiagram}
```

これには \smartdiagramset コマンドがあり、フローチャートなどのカスタマイズに \tikzset や \pgfplotsset と同じように使えるが、対象は扱えるチャートに限られている。例えば、私はノードではサンセリフを主に使うので、チャートでは次のようにしてサンセリフフォントを指定する。

```
\smartdiagramset{font=\sffamily}
```

同じようにして、フローチャートを 1 行のコマンドで作ることもできる。

```
\smartdiagram[diagram type]{comma-separated item list}
```

以降の節では、線形や循環のあるフローチャートを作る。なお、smartdiagram では flow diagram と呼ぶ。

14.2.1 線形フローダイアグラム

次のコードは、4 章でフローチャートを作成したときの手順を説明する水平方向のフローチャートを描画する。

```
\smartdiagram[flow diagram:horizontal]{
    Define Styles, Position nodes, Add arrows,
    Add labels, Review and refine}
```

これは次のフローチャートになる（図 14.1）。

● **図 14.1** チャートを作るプロセスを説明するフローチャート

ここでは、tikzpicture 環境を明示的には使っていないことに注意しよう。暗黙に使っている。

これは初心者にはとても便利だ。ノードの配置、サイズ、色が矢印も含めてデフォルトで済む。元に戻る長い矢印は、プリアンブルかチャートの前に \smartdiagramset{back arrow disabled} とすれば取り除ける。また、ノードとの距離をデフォルトは 0.5 としているが、別の値に、例えば次のように \smartdiagramset{back arrow distance=1} を使って設定することもできる。

ノードの色は、赤、シアン、青、緑、オレンジ、黄、マゼンタ、茶、紫、青緑という 10 個のデフォルトの色のリストから順に、不透明度が 40% という設定で与えられる。よって、最初のノードの色は red!40 だ。

さらに言うと、これは下端の色で、上端の色は白だ。このような上下の効果的なグラデーションがデフォルトになっている。

smartdiagram マニュアルの *Section 8, Implementation* には、パッケージのソースコードが載っている。デフォルトの smartdiagram のスタイルを修正するにはどうすればよいかがそこからわかる。例えば、smartdiagram のノードはモジュール（module）と呼ばれるが、コードでは、次のような設定が書かれている。

```
\tikzset{module/.style={...,
    top color=white, bottom color=\col, ...}}
```

\col は色リストの中の現在の色を指す。次のように、スタイルに追加することで設定を上書きできる。

```
\tikzset{every shadow/.style = {fill=none} }
```

このようなスタイルコマンドを 1 つの \tikzset または \smartdiagramset コマンドと組み合わせられる。縦のフローチャートを作るために、そうしてみよう。テキストの

幅を広げたり、影のサイズを0にしたりして、余分なスペースをとらない設定も追加する。

```
\smartdiagramset{font=\sffamily,
    text width = 3cm, back arrow disabled}
\tikzset{module/.append style= {
  top color=\col, bottom color=\col},
  every shadow/.style = {fill=none, shadow scale=0}}
\smartdiagram[flow diagram]{
    Define styles, Position nodes, Add arrows,
    Add labels, Review and refine}
```

キーワード `horizontal` を取り除いたことで、デフォルトで縦のフローチャートが次のようにできることに注意しておこう（図 14.2）。

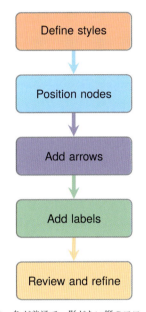

● 図 14.2　色が普通で、影がない縦のフローチャート

`smartdiagram` にはカスタマイズオプションが多数ある。マニュアルではすべて説明されているが、ここではすぐ役立ちそうなものをできるだけ多く紹介しよう。

この後の例で、カスタマイズする値のオプションが多数出てくるから、どう使えばよいかはそこでわかるだろう。

次のオプションは色を変える。

- `set color list`：値は、ノードの色リストを再定義するカンマ区切りの色の列だ。図 14.3 で使用する。
- `uniform color list`：全ノードに1つの色を選ぶ。ノード数を指定する必要がある。どうするかは図 14.7 を参照するとよい。
- `use predefined color list`：デフォルトの色リストに戻す。

デフォルトでは矢印は指しているノードと同じ色になる。次のようにしてこれを変更できる。

- `uniform arrow color`：`true` に設定すると全矢印が同じ色になる。デフォルトは `false`。

14.2　フローチャートの作成　　159

- `arrow color`：`uniform arrow color = true` にしたときに、色を選ぶ。

矢印には次のようなオプションがある。

- `arrow tip`：矢頭を選ぶのに使う。デフォルトは `stealth` だ。矢頭については 4.5.4 項参照。
- `arrow style`：矢印の新たなスタイル定義ができる。
- `arrow line width`：矢印の線の太さ。デフォルトは 1 mm。

`smartdiagram` にはチャートの種類ごとに特有のオプションもある。次のようなオプションは、線形または円環のフローチャートでのオプションだ。これらのオプションで、ここでモジュールと呼ばれるノードのカスタマイズができる。

- `module minimum width`：ノードの幅、デフォルトは 2 cm。
- `module minimum height`：ノードの高さ、デフォルトは 1 cm。
- `module x sep`：水平方向のノードの間隔、デフォルトは 2.75。
- `module y sep`：垂直方向のノードの間隔、デフォルトは 1.65。
- `module shape`：ノードのシェイプ。3 章で紹介したあらゆるシェイプを選択できる。TikZ ライブラリにあるシェイプを使う場合は、ロードする必要がある。デフォルトでは、角が丸い長方形だ。

さらに、テキストや色のオプションもある。

- `font`：ノードのテキストに対するフォントのコマンド。初期値は `\small` だが、`\sffamily\Large` のように組み合わせて変更できる。
- `text width`：テキストの幅、デフォルトは 1.75 cm。
- `text color`：テキストの色、デフォルトはもちろん黒。
- `border color`：縁取りの色、デフォルトは灰色。

シーケンス図と呼ばれる、別の種類のフローチャートがある。ノードが矢印のシェイプだ。次の例がそのようなシーケンス図を表す。そのカスタマイズオプションは太字で示している。

```
\smartdiagramset{
    sequence item font size=\sffamily\Large\strut,
    set color list={red!80, red!60, red!45, red!30} }
\tikzset{module/.append style = {top color=\col} }
\smartdiagram[sequence diagram]{
  Styles, Positions, Arrows, Labels}
```

目を引くのは `font size` の `\sffamily\Large\strut` だろうが、実はどんな `font` コマンドでも使える。私は意図的に `\strut` コマンドを挿入し、テキストの高さに合致する見えない垂直線を設定した。理由は、テキストに y が含まれるのでベースラインに影響するからだ。図 14.1 でテキストの配置を詳しく調べるとよい。ベースラインが揃っていないのがわかるだろう。

さらに、別のオプションも約束通り使っている。ノードの色を変え、色の変更を止めた。出力は次のようになる（図 14.3）。

シーケンス図では、要素のカスタマイズに次のようなオプションがある。ノードの見え

● 図 14.3　色をカスタマイズしたシーケンス図

方は次のようなオプションで変えられる。

- `sequence item width`：ノードの最小幅、デフォルトは 2 cm。
- `sequence item height`：ノードの最小高さ、デフォルトは 1 cm。
- `sequence item border color`：縁取りの色はデフォルトは灰色だが、変更できる。
- `sequence item border size`：縁取りの線幅．
- `sequence item fill opacity`：デフォルトは 1 で、透明性がない。もし、オーバーラップがあるなら、透明に変えるとよい。
- `uniform sequence color`：全部同じ色にするなら `true` に設定する。
- `sequence item uniform color`：同じにする色を選ぶ。

次のオプションはノードのテキストの調整に関わる。

- `sequence item font size`：フォントとそのサイズの変更．図 14.3 で用いた。
- `sequence item text width`：テキストの幅の設定。デフォルトは 1.9 cm。
- `sequence item text opacity`：テキストの透明性。初期値は 1。つまり、透明でない。

オプションは多数ある。そこで TikZ の追加コマンドに頼ることなく、これらのオプションを活用して最適な結果を得ることができる。

次に、円環状のフローチャートを見よう。

14.2.2　円環状のフローチャート

最後の矢印が最初のノードを指すフローチャートでは、円環状の図が自然な選択肢だ。図 14.1 のコマンドで、図の種類を `circular diagram` に変えて `clockwise` とするだけでよい。

```
\smartdiagram[circular diagram:clockwise]{
  Define Styles, Position nodes, Add arrows,
  Add labels, Review and refine}
```

次の図が得られる（図 14.4）。
この場合もほとんど手間がかからずきれいな図が得られた。
フローチャートのカスタマイズオプションには、`circular distance` があり、ノードを配置する円環の半径を設定する。デフォルトは 2.75 cm だ。
線形フローチャートと同様に、最後から先頭への矢印が必要なければ、`circular final arrow` の設定を `true` でないようにすればよい。
キーワード `clockwise` を省略すれば、フローチャートは反時計回りになる。
カスタマイズには多数の方法があり、要素の追加やアノテーションの付加もできる。詳細については、`smartdiagram` マニュアルの *Additions* 節を参照するとよい。
次節でも円環状の図式を扱うが、これはフローチャートではなく、オブジェクト間の関係を説明するものだ。

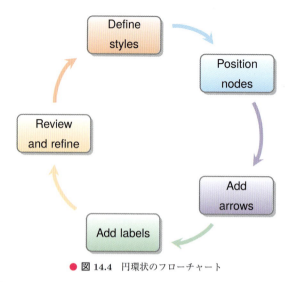

● 図 14.4　円環状のフローチャート

14.3　関係図の作成

　6.3 節ではマインドマップという特別な関係図を学んだ。`smartdiagram` パッケージには、概念やオブジェクトの間のつながりを表す別の種類の図が用意されている。そのような図は当然、図 6.15 の非常に複雑なマインドマップに見られるように、直線状にはならない。

　簡潔で美的にも好ましいことから、円環状の関係図を主に扱うことにする。これは中心に置かれた概念と、そのまわりに関係する概念が配置されたものだ。

　最初は、バブルダイアグラムだ。これはマインドマップに似ている。中心に概念もしくはオブジェクトがあり、関係する概念がそのまわりに円環状に配置される。次のコードがこれを説明する。

```
\smartdiagramset{bubble node font=\sffamily\Large,
  bubble center node font=\sffamily\Huge}
\smartdiagram[bubble diagram]{Diagrams,
   Nodes, Edges, Arrows, Labels, Colors}
```

　このコードは次の図になる（図 14.5）。

　ノードは、カンマ区切りの要素の並びで示されているが、最初の要素が中心のノードになり、残りの要素（バブル）は反時計回りに配置される。

　フォントを他の図とは変えた。図の種類に応じてオプションの名前が変わる。

　バブルダイアグラムの中心については、次のようなオプションがある。

- `bubble center node font`：中心ノードのフォント指定。図 14.5 のコードで使っている。フォントは `\sffamily\Large` と指定されていたが、`\Huge` に変更した。
- `bubble center node size`：中心ノードのサイズ。デフォルトは 4 cm。
- `bubble center node color`：中心ノードの色。デフォルトは `lightgray!60`。
- `distance text center bubble`：中心のテキストと中心ノードの縁取りとの間の距離。デフォルトは 0.5 cm。この値を増減すると、それに応じて中心ノードの円が大きくなったり小さくなったりする。
- `distance center/other bubbles`：中心ノードと周辺ノードとの間の距離。デフォルトは 0.8 cm。

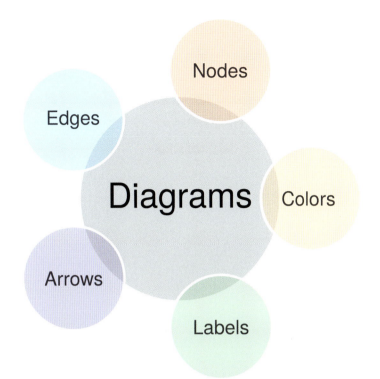

● 図 14.5 バブルダイアグラム

まわりのバブルを変更するには次のようにオプションを再定義する。

- `bubble node font`：まわりのノードのテキストのフォント。
- `bubble node size`：まわりのノードの最小サイズ。テキストが長いとノードは大きくなる。デフォルトは 2.5 cm。
- `bubble fill opacity`：透明度。デフォルトは 0.5。図 14.5 から、透明度をどうすればよいか見当がつくだろう。

他の種類として星座ダイアグラムがある。これは、惑星ノードのまわりに軌道に沿って衛星ノードが配置されるものだ。連結星座ダイアグラムでは、すべての衛星ノードが軌道上にあり、弧で互いに連結されている。

次の簡単なコードスニペットは、そのようなダイアグラムを作るもので、カスタマイズ設定についての例も太字で示している。

```
\smartdiagramset{planet font=\sffamily\LARGE,
  planet text width=2.2cm,
  satellite font=\sffamily}
\smartdiagram[connected constellation diagram]{
  Drawing diagrams, Define styles,
  Position nodes, Add arrows, Add labels}
```

これは、次の図のように、大きな中心ノードつまり惑星と 4 つの衛星ノードになる（図 14.6）。

この場合も、最初の要素が中心ノードで、衛星の配列は反時計回りだ。

中心の惑星には次のようなオプションが使える。

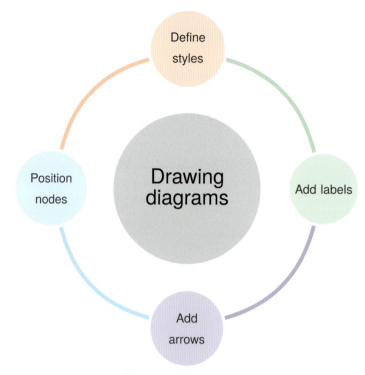

● 図 14.6　連結星座ダイアグラム

- `planet font`：テキストのフォント設定。デフォルトのサイズは `\large` だ。
- `planet size`：最小サイズ。デフォルトは 2.5 cm。惑星ノードのテキストが長いとノードは大きくなる。
- `planet color`：色。デフォルトはこれも `lightgray!60`。
- `planet text width`：テキストの幅。デフォルトは 1.75 cm。
- `distance planet-text`：縁取りとの間の距離。デフォルトは 0.5 cm。
- `distance planet-connection`：惑星の円周と矢印との間の距離。デフォルトは 1 mm。

衛星ノードにも同様のオプションがある。

- `satellite font`：衛星ノードのテキストのフォント設定。
- `satellite size`：衛星ノードの最小サイズ。デフォルトは 1.75 cm。
- `satellite text width`：テキストの幅。デフォルトは 1.5 cm。
- `satellite text opacity`：衛星のテキストの透明度。デフォルトは 0.8 で少し透明で、惑星のテキストより明るく見える。
- `satellite fill opacity`：衛星の色の透明度。デフォルトは 0.5。これは衛星が重なったときに役立つ。この設定では透明でない場合よりも色が明るいことに注意。
- `distance planet-satellite`：惑星と衛星との距離。デフォルトは 3.75 cm。

このように図を細かく調整できることがわかる。

星座ダイアグラムでは、他の `smartdiagram` の図と同じ色リストを用いた。これも図 14.3 でしたときと同じように変更できる。さらに、連結線の色と幅も次のように定義できる。

- `uniform connection color`：`true` に設定するとすべての連結線の色が同じになる。
- `connection color`：色を同じにしたときの連結線の色の設定。
- `connection line width`：連結線の幅。デフォルトは 1 mm。

キーワードの `connected` がないと、星座ダイアグラムは衛星間の連結線がなくなって、惑星から衛星への矢印になる。その場合には、連結線に設定された色と線のオプションが矢印に適用される。

そのような図を作ることにしよう。練習として、ノードのシェイプと色を変える。八角形にしよう。まず、対応するシェイプライブラリをロードする。

```
\usetikzlibrary{shapes.geometric}
```

これで、`\tikzset` を使い、惑星と衛星のスタイルを変えられる。具体的には、辺が 8 つの多角形をノードのシェイプにして、ノードのテキストと縁取りとの間の距離を減らす。

```
\tikzset{satellite/.append style={regular polygon,
  regular polygon sides=8, inner sep=0pt},
  planet/.append style={regular polygon,
  regular polygon sides=8, inner sep=6pt}}
```

次に、惑星用のサンセリフ巨大フォントや緑と赤の 40%透明度の色などの `smartdiagram` 設定を行う。

```
\smartdiagramset{planet font=\sffamily\Huge,
  satellite font=\sffamily,
  planet color=green!40, uniform connection color=true,
  uniform color list = red!40 for 8 items}
```

すべて準備できたので、まず星座用のテキストのリストを渡してダイアグラムを作る。

```
\smartdiagram[constellation diagram]{TikZ,
  pgfplots, smartdiagram, hobby, tikzducks,
  tikzlings, tikzpeople, tikzmark, tikz-ext}
```

これで、次のような図ができる（図 14.7）。

各衛星に矢印がある。どれも同じ色だ。矢印の距離は次のように調整できる。

- `distance planet-connection`：惑星の縁取りから矢印までの距離。デフォルトは 1 mm。
- `distance satellite-connection`：衛星の縁取りから矢印までの距離。デフォルトは 0.75 mm。

概念をどのように配置するかたくさん学んだので、次は、概念を説明する図を考えよう。

14.4　説明図を描く

説明図とは、典型的には用語と説明とを連結したり並べたりして説明するものだ。

標準的な LaTeX の description 環境はよくわかっているはずだ。同様のレイアウトで、視覚的にわかりやすい図を作ろう。

まず、用語に対する非常に大きなフォントと説明用の小さなフォントを選ぶ。どれもサンセリフにする。

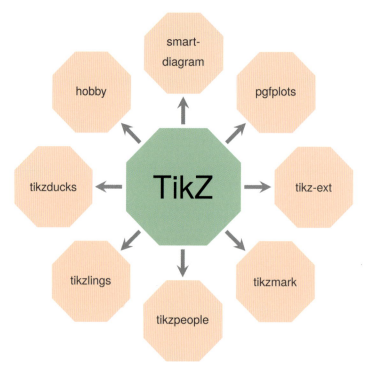

● 図 14.7　矢印による星座ダイアグラム

```
\smartdiagramset{description title font=\sffamily\LARGE,
    description font=\sffamily\footnotesize}
```

ここで、`smartdiagram` の説明図を使い、タイトルと説明の対を波括弧でくくって並べたリストを与えよう。カンマがリストの要素を区切るために使われるので、説明中にカンマがあったら波括弧でくくらないといけないことを忘れないようにしよう。また、リストはカンマで終了して、`smartdiagram` が全要素を正しくパースできるようにしよう。次は、PGF と Ti*k*Z を説明するコードだ。

```
\smartdiagram[descriptive diagram]{
    {PGF, {Portable Graphics Format, package for
        creating graphics in \LaTeX{} documents}},
    {TikZ, {User-friendly frontend for PGF}},}
```

これだけで、十分素晴らしいプレゼンのスライドに使える説明図が次のようにできた（図 14.8）。

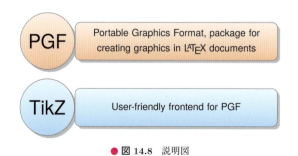

● 図 14.8　説明図

これは箇条書きを思い起こさせる。実際、もっとクリエイティブに、箇条の頭の記号を

14.　各種チャートを描く

カスタマイズできる。そのためには、`fontawesome5` パッケージをロードする。これは有名な **Font Awesome** アイコンライブラリのバージョン 5 だ。

```
\usepackage{fontawesome5}
```

これによって、画像に何百という素晴らしいアイコンを追加できる。`fontawesome5` マニュアルのアイコンリストの中から、アイコンと対応する LaTeX コマンドを見つけよう。私もそうして次のような記号を、ダイアグラムを描くときの説明に使う箇条書きの頭の記号に選び出した。

```
\smartdiagram[descriptive diagram]{
  {\faLightbulb[regular],{Identify purpose and message,
    gather information and data}},
  {\faProjectDiagram, {Select diagram type,
    define node shapes, colors, and text styles}},
  {\faPencil*, {Draw nodes, insert text, draw arrows,
    add labels}},
  {\faAlignLeft, {Align nodes, refine positioning}},
  {\faRedo, {Fine-tune, review and revise}}, }
```

これによって、次のような説明図が得られる（図 14.9）。

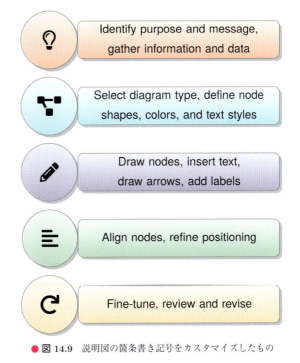

● 図 **14.9** 説明図の箇条書き記号をカスタマイズしたもの

Font Awesome のバージョン 6 がリリースされているので、その LaTeX パッケージもすぐに入手できると期待される。

この 2 つの説明図は特に順序を意識したものではない。それに対して、priority descriptive diagram では、優先度または依存関係の順序を示す。図 14.8 でやり掛けたものに、Ti*k*Z が PGF 上で作られたというようなすでに知っている依存性を追加して、順序を扱おう。

説明図と同じオプションが使えるので、まずフォントと説明ノードの幅を選ぶことにする。

```
\smartdiagramset{description font=\sffamily\Large,
  description text width = 1.9cm,
  description width = 2cm}
```

次に、知っている TikZ 関連の概念のリストを下の層から上の層へと順序をつけて並べる。

```
\smartdiagram[priority descriptive diagram]{
      \TeX, \LaTeX, PGF, TikZ, pgfplots}
```

この図は次のようになる（図 14.10）。

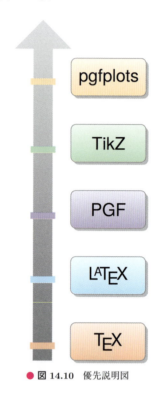

● 図 14.10　優先説明図

PGF、TikZ、pgfplots が p-reg やプレーン P-reg でも使われるのだが、これは、LaTeX ユーザとしての抽象レイヤーを示している。

次節では、pgfplots を使って数量を扱うチャートを最上位層として作る。

14.5　量を表示するチャートの作成

これまでは、図ではオブジェクトを順に並べたり、互いの関係を示した。ここでは、頭を使って実際の値を可視化して比較する。

14.5.1　折れ線グラフ

数値データは、時間順に測られた一連の値であることが多い。これらの値は平面上で、x 軸を時間、y 軸を値としたデータ点で表示できる。それらを連結した線は、時間経過のトレンドを示す。これは折れ線グラフ（ラインチャート）と呼ばれる。そのような図の中には、異なるデータセットの複数の線を表示して、それらの関係を示すものもある。x 軸は必ずしも時間でなくてもよい。年齢、重量、その他、値に相関する基本量が使える。

図 12.5 では、折れ線グラフのプロットを見た。13 章では、座標系でプロットするツールを学んだ。pgfplots は、折れ線や棒で平面上に値を表示するための場面を提供する。

本節では、TikZ、PSTricks、MetaPost という一般的なグラフィックパッケージを比較する。これらはどれも優秀なので、どれが最も優秀かを比較するものではなく、どのように現場で使われているかを知るためだ。

キーワードが検索エンジンユーザでどれだけ人気があるかを知るには、Google Trends が非常に役立つアプリケーションだ。出力は、0 から 100 までの人気度の折れ線グラフだ。次は、`tikz`、`pstricks`、`metapost` というキーワードを比較した結果だ（図 14.11）。

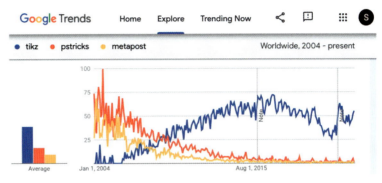

● 図 14.11　LATEX グラフィックパッケージの Google Trends の折れ線グラフ

`https: / / trends. google. de / trends / explore?date=all&q=tikz, pstricks,metapost` で実際に見ることができる。

TikZ の人気が時間が経つに連れてどのように上がってきたか初めて見たときには困惑した。Google Trends ではデータをカンマ区切りの CSV 形式でダウンロードできる。私もダウンロードして、年ごとの平均値を計算し、この後のグラフの標本値にした。右側で見られる値の落下は興味深くて、明らかに 2019〜2022 年の COVID-19 パンデミックの影響だ。私は TikZ の人気が出だした 2007〜2013 を選んだので、7 つしかデータ点がない。これは例題を小さくしておいたほうがよいという実際的な判断によるものだ。

座標系の設定から始めよう。私がサンセリフフォントを好むことを覚えているだろう。すべてのノードをそうする。

```
\tikzset{every node/.style={font=\sffamily}}
```

`pgfplots` は目盛りを数式モードで出力するので、セリフがあり他と異なる。私は、数式でもサンセリフを選択できる `sansmath` パッケージを使うのが好きだ。次のようにして `pgfplots` の目盛りにもそうなるようにする。

```
\usepackage{sansmath}
\pgfplotsset{tick label style = {font=\sansmath}}
```

デフォルトで `pgfplots` は数値の 3 桁区切りにカンマを用いるが、年にはおかしいので、`axis` 環境の設定でそれを無効にする。最後に、表題と凡例を左上隅、つまり北西に置く。次のように `axis` 環境の設定を行う。

```
\begin{axis}[title = Keyword popularity in Google trends,
  x tick label style =
    {/pgf/number format/set thousands separator={}},
  legend pos = north west,
  legend cell align=left ]
```

これで、座標の列を 3 つプロットできる。値は Google Trends から計算したものだ。最初は Ti*k*Z の座標列だ。

```
\addplot coordinates { (2007,16) (2008,19) (2009,30)
   (2010,36) (2011,42) (2012,48) (2013,55) };
```

次は PSTricks のプロットだ。

```
\addplot coordinates { (2007,39) (2008,28) (2009,24)
   (2010,19) (2011,15) (2012,12) (2013,8) };
```

最後は MetaPost のデータをプロットする。

```
\addplot coordinates { (2007,22) (2008,13) (2009,11)
   (2010,8) (2011,6) (2012,4) (2013,4) };
```

凡例にはプロットしたのと同じ色にキーワードをつける。そして `axis` 環境を閉じる。

```
\legend{tikz, pstricks, metapost}
\end{axis}
```

前章と同様に、これが `tikzpicture` 環境でなければならないことを覚えておこう。結果は次の折れ線グラフになる（図 14.12）。

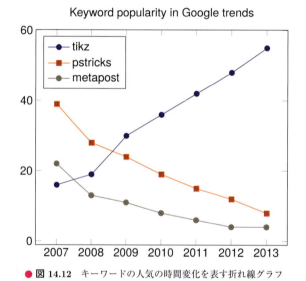

● 図 14.12　キーワードの人気の時間変化を表す折れ線グラフ

`pgfplots` は、それぞれの折れ線が区別できるように色とマーカーを自動的に選んで凡例に記述する。

前章で学んだり、マニュアルで見つけたカスタマイズオプションを使うこともできる。

TeX や LaTeX におけるグラフィックの人気が時間の経過とともに変化しているかどうかも知りたい。このグラフを積み上げ折れ線グラフに変更して、それを見ることができる。そのためには、`axis` 環境に次のようなオプションを追加する。

- `stack plots=y`：これで折れ線グラフが積み上がる。`stack plots=x` にすると、積み上げが x 軸方向になり、グラフが水平方向に値を示して、y のカテゴリに x の値を示すときに使う。

170　　14. 各種チャートを描く

- `area style`：この場合は、線の下に色を塗るために使う。
- `legend pos = outer north east`：凡例が折れ線グラフと重ならないようにグラフの外の右上隅にする。

さらに、`\closedcycle` コマンドで折れ線の下の色を塗る部分が左右で閉じるようにする。コードは次のようになる。

```
\addplot coordinates { (2007,16) ... } \closedcycle;
```

結果は次のグラフになる（図 14.13）。

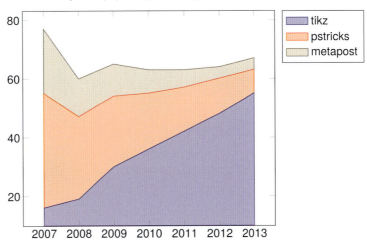

● 図 14.13　累積値と相対的な割合を示す積み上げ折れ線グラフ

グラフィックに関する全体的な人気はほぼ同じままだということが見てとれる。パッケージのシェアが変動しているだけだ。

折れ線グラフ以外に、データ値を棒で垂直または水平方向に表示するのも一般的だ。次はそれを学ぼう。

14.5.2　棒グラフ

カテゴリでの比較に焦点を絞るなら、可視化に棒グラフを選ぶことができる。データは、垂直または水平の棒で表され、垂直なら高さ、水平なら幅が値を示す。複数のカテゴリを隣合わせにまとめることもでき、それらを時間のような基準値で続けることもできる。

どのようになるかを、先程の人気度のデータで試そう。

図 14.12 の折れ線グラフのコードを使い、`axis` 環境のオプションを次のように変える。変更部分は太字にしてある。

```
\begin{axis}[title = Keyword popularity in
  Google trends,
  ybar, bar width=2mm,
  x tick label style =
    {/pgf/number format/set thousands separator={}},
  legend pos = north west,
  legend cell align=left ]
```

`y` 方向の垂直の棒にするには、キーワード `ybar` を追加しただけだというのが肝心な点

だ。水平の棒なら、`xbar` を使う。年ごとに 3 本の棒をまとめるので、棒の幅を減らす。今回は、凡例を場所が空いている右上に配置する。

その他すべては、座標値の `\addplot` コマンドを含めて前と同じだ。次の棒グラフが得られる（図 14.14）。

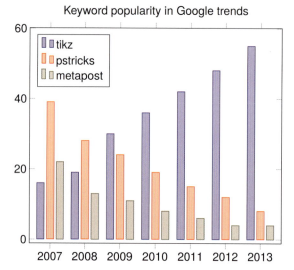

● 図 **14.14** 年ごとに相対的にわかるよう絶対値で可視化した棒グラフ

時間が経つにつれてそれぞれの人気がどう変化するかはわかるが、全体としてどう変化しているのかはわかりにくい。よって、グラフィックパッケージすべての人気度の和が欲しくなる。これは積み上げ棒グラフの仕事だ。しかも面倒でない。`ybar` の代わりに `ybar stacked` とするだけだ。ただ、凡例は重ならないように `legend pos` を `outer north east` に変えてグラフの枠の外に置くようにする。グラフは次のようになる（図 14.15）。

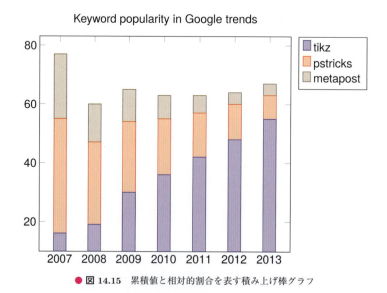

● 図 **14.15** 累積値と相対的割合を表す積み上げ棒グラフ

これで図 14.13 と同様に、Google 検索でのグラフィックパッケージすべての人気度はほぼ同じことがわかる。ただ TikZ の人気度だけが他より上がっているだけだ。

本節の冒頭では水平棒グラフについて触れたが、ybar の代わりに xbar、ybar stacked の代わりに xbar stacked とすればよい。ただし、座標軸の設定は異なる。例えば、y 軸の左側にカテゴリを、x 軸に値を書く。値が増えれば棒が右側に大きくなる。

LaTeX Cookbook の *Chapter 9, Creating Graphics*（9 章グラフィック作成）において、LaTeX.org のフォーラムでの貢献数を表示する水平棒グラフを設計した。これの延長として、軸を省略して値に焦点をあてた見栄えのする水平棒グラフを見てみよう。

データは、LaTeX.org フォーラムでの TikZ, PSTricks, MetaPost という 3 キーワードの検索回数だ。

axis 環境の設定は次のようになる。

```
\begin{axis}[title = Keyword popularity on LaTeX.org,
  height=6cm, enlarge y limits = 0.6,
  xbar,
  axis x line = none,
  y axis line style = transparent,
  ytick = data, tickwidth = 0pt,
  symbolic y coords = {TikZ, PSTricks, MetaPost},
  nodes near coords,
  nodes near coords style = {font=\sansmath},
  legend cell align = right ]
```

この axis オプションでは、次のようなことをこの順序で行う。

1. 3 つの y 値しかないので軸の高さを 6 cm に縮める。同じ理由で、enlarge y limits を 0.6 にして y 軸を縮める。
2. xbar で、x 方向への水平棒グラフだと決める。
3. 値を棒の先に書くので、x 軸はラベルを含めてすべて削除する。
4. y 軸は削除せず透明にする。こうすると y ラベルがそのまま残る。
5. ytick を data として目盛りを各座標で生成する。さらに、目盛りの線を 0 pt にして見えないようにする。
6. TikZ、PSTricks、MetaPost を表す y 座標を選ぶ。
7. x 値を棒のそばに書き、フォントにはサンセリフ数式を選ぶ。
8. 最後に、凡例をグラフの右側に置く。

これで、y 軸に定義された記号座標を使ってデータをプロットできる。まず、キーワードごとにポストの個数をプロットする。

```
\addplot coordinates { (2750,TikZ) (1568,PSTricks)
  (69,MetaPost) };
```

次に、トピックの個数をプロットする。

```
\addplot coordinates { (1197,TikZ) (585,PSTricks)
  (41,MetaPost)};
```

凡例をつけて、axis 環境を閉じる。

```
  \legend{Posts,Topics}
\end{axis}
```

いつものように、プロットそのものは簡単だが、軸を含めた適切な設計のためには pgfplots マニュアルを読んで調べておく必要がある。

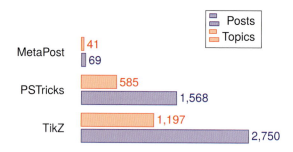

●　図 14.16　記号座標による水平棒グラフ

このコードにより次のようなグラフができる（図 14.16）。

　また、水平棒グラフも `xbar` の代わりに `xbar stacked` と書いて積み上げ棒グラフにできる。`nodes near coords` という設定で、値を棒の中に表示できる。MetaPost は、棒が短すぎて、LaTeX.org では滅多に使われないようなので省略し、次のような積み上げ棒グラフが得られる（図 14.17）。

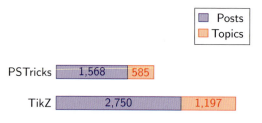

●　図 14.17　積み上げ水平棒グラフ

積み上げ棒グラフでは、四角形の棒が部分ごとに分けられる。次節では、円を分割して割合を示す。

14.5.3　円グラフ

カテゴリや値を円環状に表示することもできる。データが適当なら円グラフ（パイチャート）を使い、カテゴリをパイの一切れのように表現できる。一般に次の 2 点が考慮される。

- カテゴリが互いに排他であるべきか、あるいは、各断片が重なる必要がある。
- カテゴリの値の総計は、例えば 100%にならないと、円が閉じない。

言い換えると、円グラフでは、各カテゴリの相対的なサイズが、パーセントの内訳のように全体部分関係で示される。

　`pgf-pie` パッケージでは、円グラフが簡単に作れる。これについては、私の *LaTeX Cookbook* で説明しているので、`https://latex-cookbook.net/chapter9` で無料

で読める Chapter 9, Creating Graphic を読むことを強くお勧めしたい。

ここでも、簡単に例を見ていこう。TikZ.net ギャラリーの貢献者のために、貢献の割合を示す円グラフを作ろう。

`tikzpicture` 環境が必要だ。今回もサンセリフフォントを使う。次のように、パーセントと表示カテゴリの対のリストをつけたコマンド1つで円グラフができる。

```
\begin{tikzpicture}[every node/.style={font=\sffamily}]
  \pie{ 42/Izaak Neutelings,
        21/Janosh Riebesell,
        17/Alexandros Tsagkaropoulos,
        10/Efra^^c3^^adn Soto Apolinar,
        10/Other authors }
\end{tikzpicture}
```

これで次のグラフになる（図 14.18）。

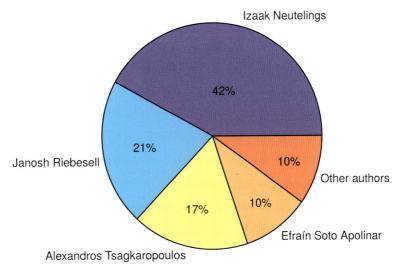

● 図 14.18　円グラフ

割合のパーセントではなく絶対値を使うこともできる。その場合は `\pie[sum=auto]{...}` と書く。そうすると、合計を計算して割合に応じた円グラフができる。ただし、数値は割合ではなく絶対値なので比較は難しいかもしれない。`pgf-pie` パッケージには、外観、色、位置など多くをカスタマイズできるオプションが多数ある。使うには、*LaTeX Cookbook* の該当章か `pgf-pie` マニュアルを参照するとよい。

次節でも同様の方式を学ぶ。

14.5.4　ホイールチャート

円グラフ同様、ホイールチャートは、比較が簡単なようにデータを円環に並べる。Matthias Floré が書いた `wheelchart` パッケージでは、1 コマンドでホイールチャートができる。基本構文は次のようになる。

```
\wheelchart[options]{data}
```

`options` は、半径、色、フォント、その他スタイルの `key=value` という設定の並びだ。`data` は、`pgf-pie` 構文や `\foreach` ループ構文と同様に、カンマで区切られた `value/style/data` という要素の並びだ。ただし、この `data` は、内部が英字で符号化

しているために 26 個までという制限がある。数値、色、テキストという少なくとも 3 種類のデータを与えねばならない。

複雑だと感じるだろうか。例として図 14.18 の値を使ってみよう。tikzpicture 環境において、前節の \pie コマンドと全く同じように次のコマンドを使う。

```
\wheelchart [middle={{\LARGE TikZ.net}\\contributions},
  inner data = {\scriptsize\WCperc}, inner data sep=0.3,
  wheel lines=white]
    {42/red/Izaak\\Neutelings,
     21/orange/Janosh Riebesell,
     17/yellow/Alexandros\\Tsagkaropoulos,
     10/green/Efra^^c3^^adn Soto Apolinar,
     10/blue/Other authors}
```

このコマンドで次の出力が得られる（図 14.19）。

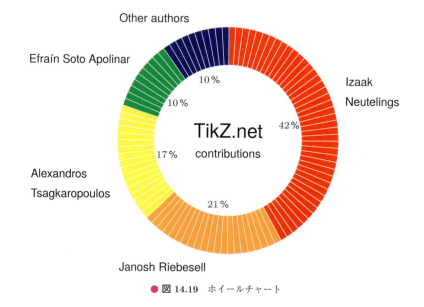

● 図 14.19　ホイールチャート

中央に、middle で与えたテキストが表示される。\WCperc はループ中でパーセントを含む変数で、inner data キーに置いてあるので、ホイールの内側に表示される。inner data sep は inner data とホイールとの間の距離を調整する。名前などの他のデータはホイールの外側に表示される。

この例から感じが掴める。このパッケージではもっと多くのことができる。https://tcxdoc.org/pkg/wheelchart にあるマニュアルには、利用できるオプションと、円グラフのようなもの、ラベルにいい感じの連結線があるもの、雪片シェイプなど多数の例が載っている。複雑なデータを半径を変えることでまとめて 1 つのチャートにできることに注意しよう。

14.6　まとめ

本章では、読者がグラフやチャートを書くときの基本となる広範囲の種類のグラフやチャートを扱った。

複雑なプロセスを追いかけやすいステップごとに分割したフローチャートを簡単に作る

方法を学んだ。関係図では、様々な概念間の関係や連携を可視化できる。説明図では、アイデアを理解しやすいように説明できる。量を扱うグラフでは、最良の方法でデータの可視化や比較を行える。

本章で学んだ各種のツールと本書で得られた TikZ の知識から、文書においても美しくて情報量に富むグラフや図を作ることができるだろう。

しっかりと勉強してきたので、ちょっと楽しいことをしてもよいだろう。それが次章のテーマだ。

14.7　さらに学ぶために

`smartdiagram` パッケージには、すべての設定とソースコードを含む詳細なマニュアルがある。コマンドラインで `texdoc smartdiagram` と入力するか、https://texdoc.org/pkg/smartdiagram に行くことでマニュアルを読むことができる。

私が書いて Packt から出版されている *LaTeX Cookbook* の *Chapter 9, Creating Graphics* に *Building smart diagrams* の節がある。そこには、本章のようなカスタマイズした例だけでなく、多数の `smartdiagram` 例と、詳細な説明や参照がある。https://latex-cookbook.net/contents/chapter9-creating-graphics/9-1-building-smart-diagrams でそれが読める。

LaTeX Cookbook では、標準的な TikZ ツールだけで複雑なフローチャートを作る方法も詳細に説明している。その節も https://latex-cookbook.net/contents/chapter9-creating-graphics/9-2-constructing-a-flowchart でオンラインで読める。同書やそのウェブサイトでは、円グラフやベン図の例も掲載されている。

`pgf-pie` マニュアルは https://texdoc.org/pkg/pgf-pie にある。

また、https://tikz.net や https://texample.net においては、数十に及ぶあらゆる種類のグラフやチャートの例が掲載されている。

第 15 章

TikZ で楽しもう

　　　最終章に到達、おめでとう。本書をしっかり学んだので、TikZ については熟練の使い手だ。本章ではそのような読者へのご褒美として、自分の絵を書いて、修正して、組み合わせて楽しい図を描く方法を示す。主として、スキルのある TikZ ユーザが TikZ コミュニティで、楽しいプログラミングの追加パッケージを作り、共有していく方法を学ぶ。

　　　この最終章では次のようなテーマを扱う。

> - かわいい生きものを描く
> - 遊びと工作
> - 世界の国旗を描く

　　　例題を見ながら、パッケージの使い方や図のカスタマイズの方法を学ぶ。これらの機能の完全な説明はパッケージのマニュアルに含まれている。

15.1　技術要件

　　　本章の図とそのソースコードは、`https://tikz.jp/chapter-15` にある。GitHub からダウンロードするには `https://github.com/PacktPublishing/LaTeX-graphics-with-TikZ/tree/main/15-fun` に行くとよい。

　　　本章では、`tikzducks`、`tikzlings`、`bearwear`、`scsnowman`、`tikzpingus`、`tikzpeople`、`jigsaw`、`tikzbricks`、`tikz-3dplot`、`worldflags` というパッケージを使う。

　　　パッケージを使うには、`\usepackage` をロードすることを忘れないようにする。

　　　パッケージ名から中身がわかる。後は、ローラーコースターのように作業を進める。

15.2　かわいい生きものを描く

　　　インターネットは、動物やアニメのキャラクターについてのミームで溢れている。TikZ でも当然のごとく出現している。さらに、TikZ コミュニティのアバターや、好きな動物が TikZ コードで不死身の存在になっている。いくつかの例を見ていこう。

15.2.1　ゴム製のアヒルで遊ぶ

　　　アヒルは、よく知られたインターネットのミームだ。例えば、開発者コミュニティでは、ラバーダック・デバッグが有名なソフトウェアデバッグ技法で、これはゴム製のアヒルを前にしてプログラマがコードの詳細を説明するものだ。説明で詳細をその理由とともに話すことで、プログラマは、それまで気づいていなかった問題すなわちバグを見つけることができる。ゴム製のアヒルの玩具は、ここでも解決策そのものというよりはミームだ。例えば、代わりに次節で扱うテディベアを使うこともできる。

　　　ゴム製のアヒルはクラシックな玩具だが愉快で楽しいので人気のコレクションアイテムになっており、企業が自社のブランドデザインを施したアヒルちゃんを宣伝でお客に配ったりする。例えば私が働いているルフトハンザの商品にはパイロットや客室乗務員に扮し

たゴム製のアヒルがあり、Overleaf にも自ブランドのアヒルがある。

話をまとめると、`tikzducks` パッケージには様々なデザインのゴム製のアヒルがあり、アヒルを使って、有名人、職業、地域、趣味、決まり文句などを表すことができる。これらは、samcarter によって作られ保守されており、長期にわたって多くの機能が追加されている。実際、読者は図 9.1 と図 11.4 ですでにアヒルを目にしているはずだ。

アヒルは、髪の毛、衣類、アクセサリなどを色やテキストでカスタマイズできる。パッケージのマニュアルには、オプションの長大なリストがある。マニュアルをざっと調べて、選択し、オプションを追加するだけでよい。私がちょっとやってみたオプションの例を次に示す。

```
\duck[crazyhair=brown!60!black, glasses, eyebrow,
  signpost=TikZ, speech=Use it!, laughing,
  jacket=orange, lapel, buttons, water]
```

このコマンドを `tikzpicture` 環境で使うと、次の図が得られる（図 15.1）。

● 図 15.1　派手な服で案内板を掲げた水中のアヒル

選択が豊富なことを示すために、様々なオプションのアヒルのデザインを次に示す。このコードではノードを使って楽に配置できるようにした。

```
\node [matrix] {
  \duck[laughing, tophat, bowtie=violet, jacket=black,
    buttons=violet, recedinghair=black!80,
    wine, eye=red!40] &
  \duck[magichat, recedinghair=lightgray,
      jacket=violet, beard=lightgray, magicwand] &
  \duck[parrot, stethoscope=black!70, jacket=gray!30,
      buttons=gray, squareglasses, longhair=gray] \\
  \duck[snowduck=lightgray!60] &
  \duck[umbrella=red!70, handbag=red, bill=red!70,
    jacket=pink!80!black, longhair=yellow,
    necklace=magenta, sunglasses=magenta] &
  \duck[alien, body=green!70!black, crystalball,
    bill=green!50!black, laughing] \\ };
```

これで 6 羽のアヒルができる（図 15.2）。

色を変えたり、https://texdoc.org/pkg/tikzducks のマニュアルにある多数のオプションやアクセサリを選んで楽しむことができる。

https://github.com/samcarter/tikzducks の GitHub では、Donald Knuth、女王、シェークスピア、スーパーマリオ、ミスター・スポックなどに扮したり、様々な職業を衣服とアクセサリで示した多くの例が見つかる。

15.2.2　TikZlings との出会い

samcarter は、TikZ で書いた可愛い動物その他キャラクターを集めた `TikZlings` パッ

● 図 15.2　様々なスタイルとアクセサリのアヒル

ケージを作った。トリビアになるが、2018 年 8 月 27 日に TEX StackExchange チャットにおいて私がこの TikZlings という名前をパッケージとその生き物に提案して選ばれたのだ。

このパッケージの開発は進行中で、機能やアクセサリもいつでも追加できる。2023 年で 24 種ある。とても簡単なことに、表示は 1 コマンドで済む。`\chicken` とすればニワトリができる。

次に示すのは鳥と昆虫だ（図 15.3）。

● 図 15.3　`\owl`、`\chicken`、`\penguin`、`\bee`、`\bug` の TikZlings

次は毛がフワフワなものだ（図 15.4）。

残りは次のとおり（図 15.5）。

次のように標準 TikZ オプションのどれでも使うことができる。

```
\penguin[owl=20, xshift=2cm, scale=0.5]
```

TikZlings のどの生き物も、後ろ向き、3 次元、子どもが塗り絵できるアウトラインの表示ができる。例えば、ブタはこうなる（図 15.6）。

先ほどの `tikzducks` のように、`body=green` と `eye=blue` などというように、さらにオプションに帽子、本、案内板などを追加できる。

https://texdoc.org/pkg/tikzlings には、オプション全部を含めたマニュアルがある。

● 図 15.4 \squirrel、\marmot、\moles、\sloth、\pig、\koala、\coati、\panda、\cat、\mouse、\sheep、\wolf の TikZlings

● 図 15.5 \elephant、\hippo、\rhino、\anteater、\bat、\snowman、\bear の TikZlings

● 図 15.6 \pig、\pig[back]、\pig[3D]、\pig[contour] という TikZlings のバリエーション

https://github.com/samcarter/tikzlings にはソースコードや修正例がある。https://github.com/TikZlings にはビデオや他のソースコードがある。

ハンドバッグ、傘、箒、シャベル、そしてケーキ、ピザ、バゲット、チーズといった食品、様々な帽子といった 50 個ほどのアクセサリのほかに、テディベア用のスタイリングの小物がある。この bearwear パッケージは Ulrike Fischer がシャツ用にデザインオプションとして作ったものだ。テディベアを描いた後で、オプションとして \bearwear コマンドを使えばよい。私は、TikZ のサインがついた黄と赤のシャツを選び、そこに友だちのコウモリの絵を描いた。

15.2 かわいい生きものを描く 181

```
\bear
\bearwear[shirt={shade, top color=yellow,
  bottom color=red}, body deco={\node[scale=0.5]
  at ([yshift=0.8mm]bearheart) {\tiny TikZ};
  \pic at (beartummy) [scale=0.18,yshift=-1cm] {bat};}]
```

これでテディベアは T シャツを着た（図 15.7）。

● 図 15.7　T シャツを着たテディベア

https://texdoc.org/pkg/bearwear にあるマニュアルには多数のカスタマイズオプションが載っている。

図 15.5 には雪だるまがあった。日本の雪だるまは西欧と違っていることを知っているだろうか。それは次項で扱う。

15.2.3　雪だるまを作る

日本では、伝統的に雪だるまは 2 つの雪の塊で作る。西欧の雪だるまのような真ん中の部分がなく腕も普通はない。幸い、TikZ には日本で LaTeX を保守している山下弘展（Hironobu Yamashita）が書いたパッケージがある。

パッケージをロードすると、`\scsnowman` コマンドで図 15.8 の左側のような基本雪だるまの線描が得られる。このコマンドは TikZ を内部で使っており、`tikzpicture` 環境の必要がない。

雪だるまの初期状態は小さいので、`\scsnowman[scale=2]` を使って大きくすることができる。アヒルや `TikZlings` パッケージのように多くのオプションや色が用意されている。2 つほど簡単な例を示す。

```
\scsnowman[hat, arms, buttons, snow=blue, note=red]
\scsnowman[arms, muffler=red, hat=blue, broom=brown]
```

次がその様子を基本線描と比較したものだ（図 15.8）。

● 図 15.8　色々な雪だるま

https://texdoc.org/pkg/scsnowman には全機能についてのドキュメントがある。
アヒル、テディベア、雪だるまのほかにペンギンも人気者で、専用パッケージがある。

15.2.4　ペンギンと遊ぶ

Florian Sihler の `tikzpingus` パッケージの名前は、この南極の鳥のドイツ語 pinguin あるいは略語 pingu からきている。`tikzducks` の影響が、特にその機能の豊富さに現れている。ざっと見ていこう。`tikzpicture` 環境で `\pingu` コマンドを使い基本のペンギンを描く。次のようになる（図 15.9）。

マニュアルからいくつかオプションを選び、次のように追加変更する（図 15.10）。

```
\pingu[eyes shiny, crown, gold medal, right wing wave]
```

● 図 15.9　ペンギン　　　　　　● 図 15.10　ペンギンとアクセサリ

https://texdoc.org/pkg/tikzpingus のマニュアルは 120 ページを超える長さで、色、羽の位置、アクセサリなどすべてを扱っている。

動物から人間に移ろう。

15.2.5　人間を描く

人間を描くためのパッケージがある。Nils Fleischhacker は tikzpeople パッケージを設計した。元々は暗号プロトコルの説明用に設計された。人間と通信の流れを可視化するためだ。

すぐに、彼はさまざまな人間や職種や絵を追加した。図 3.9 に例がある。

これらはノードシェイプなので、どんなノードでも次のように好きなシェイプを与えられる。

```
\node[businessman, minimum size=2cm] at (2,1) {};
```

いつものようにテキストを追加できる。minimum size はノードの大きさを指定する。ノードにはすでに定義されたアンカーが多数ある。次に、アンカーの例を角度と名前の両方で示す（図 15.11）。

アンカーを使って吹き出しやアクセサリ、矢印、曲線などをつけられる。まず、映画「メン・イン・ブラック（*Men in Black*）」にでてくるエージェント K のシェイプを描こう。

```
\node[name=k, shape=maninblack, minimum size=1cm] {};
```

そして、口のところに決め台詞の吹き出しを追加しよう。

```
\node[ellipse callout, xshift=1.2cm, draw,yshift= .3cm,
  callout absolute pointer={(k.mouth)},
  font=\tiny\sffamily, align=center, inner sep=1pt]
  {Please,\\stand back.};
```

出力は次のようになる（図 15.12）。

現在 29 種類の人間の基本シェイプが含まれている。次の図 15.13 には先頭の 20 種類が示されている。

残りの 9 種類は次のようなものだ（図 15.14）。

図 3.9 でしたのと同様に、色を変えたりアクセサリを追加できる。https://texdoc.org/pkg/tikzpeople にあるマニュアルには、すべてのオプションが載っている。

次は、ゲームで少し遊ぼう。

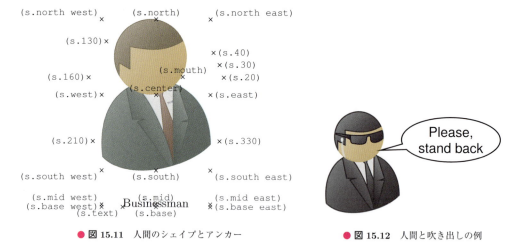

● 図 15.11　人間のシェイプとアンカー　　　　● 図 15.12　人間と吹き出しの例

15.3　遊びと工作

TikZ を使ってゲームの表示やドキュメント作成ができる。例えば、次のようなパッケージがある。

- `logicpuzzle` パッケージは数独やマインスイーパーのようなパズルを印刷できる。
- `JeuxCartes` パッケージは、ポーカー、タロット、Uno などのトランプやカード遊びを表示できる。
- `rubikcube` パッケージは、ルービックキューブを表示、回転、動作するためのコマンドやマクロを提供する。
- `havannah` パッケージは、Havannah や Hex というボードゲームを表示する。

TikZ の内部は、パッケージのソースコードでは隠されていることが多い。パッケージが独自構文を採用していて、ユーザからは見えなくなっていることもある。本書では TikZ を学んでいるので、TikZ コマンドを使う 2 つのゲームを取り上げる。ジグソーパズルとレゴのブロックを組み立てるものだ。

15.3.1　ジグソーパズルを作る

ジグソーパズルはみんな知っているはずだ。写真や絵ができるまで様々な形のピースをはめていく。`jigsaw` パッケージは、調整可能で完全でランダムなジグソーパズルを作ることができる。

次のコマンドで 1 つピースができる。

```
\piece[red]{-1}{-1}{0}{0}
```

これは下、右、上、左の 4 引数を取り、1 は凹（くぼみ）、0 は直線、−1 が凸（でっぱり）を意味する。この赤いピースは図 15.15 にある。

ピースを移動するには次のようにスコープを使う。

```
\begin{scope}[shift={(1,0)}]
  \piece[yellow]{-1}{0}{0}{1}
\end{scope}
```

ここでは黄色のピースが (1,0) で動く。1 が x 方向で 0 が y 方向だ。このような移動も図 15.15 の黄色のピースに見られる。

ピースのデフォルトの幅と高さは 1 であり、シフトや位置指定でパズルを組み立てる。

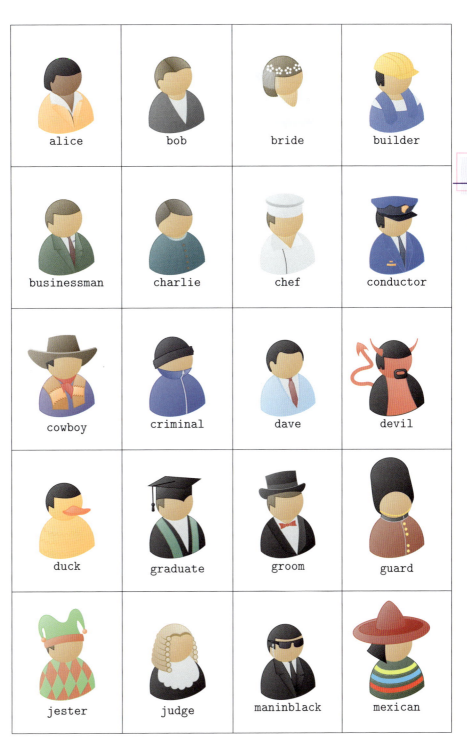

● 図 15.13　様々な人間

15.3　遊びと工作

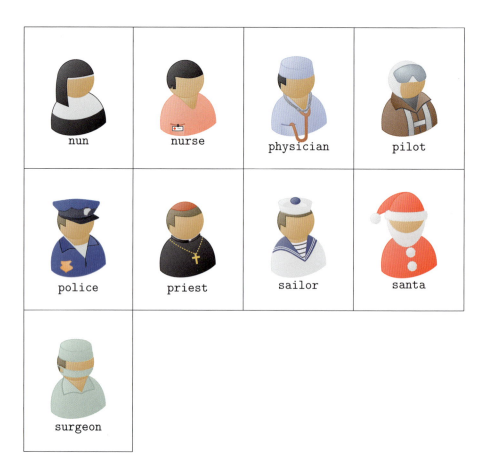

● 図 15.14　様々な人間の続き

ピースを一緒に動かすための行や列の分離のための差し引く適当な値がわかったら、`matrix` コマンドのほうがやさしいだろう。次のように使える。

```
\matrix[column sep=-0.315cm, row sep=-0.315cm] {
    \piece[red,overlay]{-1}{-1}{0}{0}
  & \piece[yellow]{-1}{0}{0}{1} \\
    \piece[blue]{0}{-1}{1}{0}
  & \piece[green]{0}{0}{1}{1} \\ };
```

これは次の出力になる（図 15.15）。

● 図 15.15　小さなジグソーパズル

より大きなパズルを作るコマンドもある。`\jigsaw{10}{6}` コマンドは 10×6 のパズルを作る（図 15.16）。

写真や絵に対してジグソーパズルのパターンを与えてパズルを作ることができる。次のコードでは、地を灰色にして、絵を描いて、ジグソーパズルのパターンを書く。

● 図 15.16　より大きなジグソーパズル

```
\fill[gray!40] (0,0) rectangle (3,3);
\pic[scale=1.25] at (1.5,0) {chicken};
\jigsaw{3}{3}
```

これによって、次のような 3 × 3 の小型のパズルができる（図 15.17）。

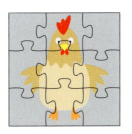

● 図 15.17　絵のあるジグソーパズル

これを紙に印刷して、厚紙に貼り付けて、鋭利なカッターナイフでパズルの曲線に沿ってピースを切り抜く。後はシャッフルして楽しめばよい。

15.3.2　ブロックを組み立てる

多くの子どもがブロックの組み立てで遊ぶし、私もそうだ。tikzbricks パッケージも samcarter が作ったもので、ブロックの表示とブロックを組み立てた形を示す。ブロックはレゴブロックと似ているが、その名前では呼ばれない。

このパッケージをロードすれば、tikzpicture 環境で、ブロックの長さと幅の 2 引数を与えた \brick コマンドを使って 1 つのブロックを描くことができる。色がオプション引数だ。

例えば図 15.18 は、\brick[color=red]{1}{3} と \brick[color=blue]{3}{2} を使っている。

ブロックは好きなところに配置できる。ただし、後ろから前へと描かないといけないことに注意する。そうすれば、後ろのブロックが前のブロックで部分的に隠れることはあるが、逆にはならない。

例えば、ブロックで壁を作るのは簡単だ。wall 環境を使えば、簡単にブロックを積み重ねられる。

● 図 15.18　色のついたブロック　　● 図 15.19　カラーブロックによる壁

- すべて正しく見えるように、右から左、下から上へと描かないといけない。`tikzpicture` 環境内である必要はない。
- オプションは同じだが、`\brick` の代わりに `\wallbrick` コマンドを使う。
- x 方向と y 方向のギャップのために `brickx` や `bricky` カウンタで調整する。
- 次の段に行って右側から始めるには `\newrow` コマンドを使う。

次のコードで壁ができる。

```
\begin{wall}
  \wallbrick[color=blue]{2}{2}
  \wallbrick[color=red]{1}{2}
  \stepcounter{brickx}
  \wallbrick[color=green]{2}{2}
  \newrow
  \stepcounter{brickx}{1}
  \wallbrick[color=brown]{4}{2}
  \newrow
  \addtocounter{brickx}{2}
  \wallbrick[color=orange]{2}{2}
\end{wall}
```

出力は次のようになる（図 15.19）。

これで遊びたくなったことを白状しなければなるまい。Jonathan P. Spratte の `pxpic` パッケージのことを思い出した。これはピクセルで描いた画像を作る。そのマニュアルには、Linux のマスコット、Tux をピクセルで描画したものがある（図 15.20）。

この描画に基づいて、次のようなブロックの壁を 1 段ずつ作った（図 15.21）。

ソースコードは、https://tikz.jp/tux にある。

3D プロットは、`tikz-3dplot` パッケージで行った。視点はこのパッケージにあるコマンドで変更できる。例えば、`\tdplotsetmaincoords{120}{-60}` とすると出力が次のように変わる（図 15.22）。

デフォルトの状態は、`\tdplotsetmaincoords{70}{160}` だ。詳しい情報は https://texdoc.org/pkg/tikz-3dplot にある `tikz-3dplot` マニュアルを読むとよい。

この画像のソースコードは、TikZ.net と GitHub にある。

作成プロセスは自動化されている。Scott Pakin は、PNG 画像を `tikzbricks` コードに変換する Python スクリプトを書いた。https://github.com/samcarter/

  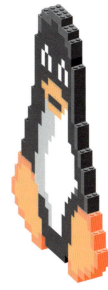

● 図 15.20　ペンギンの Tux のピクセル描画　● 図 15.21　ブロックでできたペンギンの Tux　● 図 15.22　異なる視点の例

TikZbricks/blob/main/img2bricks からダウンロードできる。tikzbricks マニュアルは、https://texdoc.org/pkg/tikzbricks にある。

ゲームを終えたら、最後に、オリンピックやワールドカップなど国際競技に使える、国旗を描くアプリケーションを見よう。

15.4　世界の国旗を描く

LaTeX 文書、特に TikZ の描画で使えるように、Wilhelm Haager は worldflags パッケージを作ったが、これは全独立国の国旗を含んでいる。可能な限り彼は TikZ を使って描いているが、SVG（Scalable Vector Graphics）ファイルを Inkscape で TikZ にしたものもある。

主コマンドは次のようになる。

```
\worldflag[options]{country code}
```

ここで country code は、米国の US、ニュージーランドの NZ のように国を表す 2 文字の標準コードだ。マニュアルには全国家のリストがある。

オプションには次のようなものがある。

- width と length は、国旗の大きさを決める。length が 0 ならデフォルトの比率を使って長さが決められる。
- framewidth は、縁取り線の幅
- framecolor は、縁取りの色
- emblem か noemblem は、国旗に紋章を書くか書かないかを示す。

例えば、次のようなコードを書ける。

```
\worldflag[width=2cm, framewidth=0.3mm,
  framecolor=black]{BR}
```

これは幅 2 cm のブラジル国旗を描く。次に示すのは、表示用に拡大してある（図 15.23）。国際試合の結果を表示する場合のように、複数の国旗を掲示する場合には、\flags

● 図 15.23　ブラジル国旗

`default[options]` を使って全国旗のオプションを与えて、文書中では `\worldflags{country code}` と簡単に使うことができる。

TikZ のユーザとして、描画に `pic` 要素が使える。これは次のようになる。

```
\pic (id) [country=XX, ...] at (x,y) {worldflag};
```

この場合には、`id` が `pic` 要素を参照する名前だ。XX は 2 文字の国コード、(x,y) が座標だ。前に紹介したオプションのほかに次のようなものがある。

- `hang` は角度で、国旗を旗竿から何度下げるか示す。
- `turn` は角度で、旗竿のまわりでの回転角。
- `rotate`、`scale`、`xshift`、`yshift` その他標準的な TikZ の変換移動オプションも使える。

楽しもうという章なので、面白い例を作ろう。まず、`tikzlings` パッケージからカバを描き、考えを表す吹き出しと、旗竿代わりの玩具のライトセーバーをもたせる。

```
\hippo[body=brown!60!black, lightsaber=brown,
  think={\textsf{The end}}]
```

このカバはマラウイに住んでいるから、マラウイの国旗を描き、旗竿に取り付け、スケールを 50%、30 度回転させ、旗竿から 20 度下げる。

```
\pic [country=MW,hang=20,rotate=-30,scale=0.5]
   at (1.02,1.1) {worldflag};
```

このライトセーバーと国旗を掲げたカバの絵で本書を終えることにする。

● 図 15.24　マラウイの国旗をもつカバ

あれだけ勉強した後だから、この章を楽しめたと思う。TikZ コミュニティがどれだけのものを作り、読者の皆さんがどれだけのことをできるかを見るのは素晴らしいことだ。

訳者あとがき

　昨年の梅雨頃だったと思う。朝倉書店から、LaTeX のグラフィックパッケージの本を訳しませんかというお誘いを頂いた。論文を書くのに LaTeX を使ったのは 40 年ほど前のことだし、文書を読むために LaTeX 環境をセットアップしていたのも十年ほど前のことになっているので、ちょっと迷ったのだが、すごく面白そうで、社内でも翻訳ができればぜひ読みたいと言う声があります、ということで、引き受けた。

　ビジュアルということでは、『データビジュアライゼーション—データ駆動型デザインガイド』の続きということになるが、今回はコードを書いて図を見るという作業が主になる。昔の DVI や PostScript ではなく、PDF 出力だということ、Overleaf のようなウェブでの処理環境があるなど、個人的には以前と比べて隔世の感があって、こんな風に描画できるのかと楽しく訳させてもらった。ただし、にわかユーザの辛いところで、訳語の感覚がつかめず苦労した。幸い、原著者の Stefan Kottwitz さんから、Norbert Preining さんをご紹介いただき、さらに山本宗宏さん、鹿野桂一郎さん、朝倉卓人さん、黒木裕介さんをご紹介いただき貴重なご指摘を頂いた。本書が少しでも読者のお役に立つとしたら、これらの方々や、朝倉書店編集部の方々のご尽力によるものだ。

　この手の技術書の面倒なところは、URL のリンクがどうなるかわからないことで、本書中にも大量のリンクがあるが、切れていたり変わっているところがあるのではないかと気になるところだが、全体をお読みになれば、大体どのあたりを調べれば良いか見当が着くのではないかと思う。

　本書が、TeX や LaTeX の多分、論文を書いている人たちの役に立つだけでなく、普通のグラフィックスパッケージに飽きたらない人や、ちょっと変わったグラフィックスを試してみたいという人たちの役に立つことがあれば、望外の幸せだ。

2024 年 10 月

黒川利明

索　　引

記号

-- 66
-!- 66
-> 66
<- 66
<-> 66

A

above 26
above left 27
above right 27
\addplot 142, 143, 146
amplitude 90–92
amsmath 105
anchor 26
and キーワード 27
angle 92
area style 171
\arrow 94
arrow color 160
arrow line width 160
arrow style 160
arrow tip 160
arrows 40
arrows.meta 35, 40
aspect 91
Asymptote 3, 141
at end 28
at start 28
\AtBeginShipoutAddToBox 107
\AtBeginShipoutAddToBox Foreground 107
atbegshi 107
auto 38
axis 81, 142, 143, 147
axis cs 147, 148
axis equal 144
axis equal image 144
axis lines 143
axis x line 144

axis y line 144
axis z line 144

B

backgrounds 104
ball シェーディング 18, 24
ball color 18, 83
base 22, 28
base east 22
base left 27
base right 27, 29
base west 22
bearwear 181
below 27
below left 27
below right 27
bend 42
bend left 39
bend right 39
bent 91
\blinddocument 107
blindtext 107
body 180
border 9, 92
border color 160
bottom 82, 144
box 144
brace 92
branch down 66
branch left 66
branch right 66
branch up 66
\brick 188
bridge 47
bubble center node color 162
bubble center node font 162
bubble center node size 162
bubble fill opacity 163
bubble node font 163
bubble node size 163

bumps 91
by 119

C

calc 112
Cantor set 96
center 22, 144
\chicken 180
child 56, 57
Christian Feuersänger 141
circle 11, 22
circular diagram 161
circular distance 161
circular final arrow 161
\clip 77
clip 77
clipping 86
clockwise from 61
closed 137
\closedcycle 171
cloud 24
cloud callout 24
coil 91
\col 158
color 39, 42, 45
colormaps 140
column sep 68
Computer Modern Rightarrow 40
concept スタイル 62
concept color 62, 64
concept level 62
connected 165
connection color 165
connection line width 165
coordinate 30
count 115
counterclockwise from 61
curl 138
current page 106

curveto 95
cycle 11
cycle list 147

D

dash dot 39
dashed 39
data cs 153
datavisualization 141
\DeclareRobustCommand 29
decorate 89
decorations 87
decorations.fractals 87
decorations.markings 87
decorations.pathmorphing 87, 98
decorations.pathreplacing 87
decorations.shapes 87
decorations.text 87
.default 51
densely dash dot 39
densely dashed 39, 58
densely dotted 39
distance 40, 42, 94
distance center/other bubbles 162
distance planet-connection 164
distance planet-text 164
distance text center bubble 162
domain 144
DOT 言語 65
dotted 10, 39
double 39
double distance 39
down 60
\draw 10
draw 19
draw opacity 99, 101

E

east 20, 60
edge 39, 42, 43
edge from parent 57
edge quotes 37
ellipse 22
Encapsulated PostScript 32
enumerate 30
enumitem 19, 30
EPS 32

epstopdf 34
evaluate 116
even odd rule 76, 78
every edge quotes 66
expanding waves 92
eye 180

F

fading 86
fill 16, 42, 77
fill opacity 99, 101
fillbetween 140, 147, 149
\filldraw 99
fit 103
font 45, 160
font size 160
for 110
\foreach 112
foreground 104

G

graduate 24
\graph 64, 66
graphs 56, 64
Graphviz 65
grid 10, 142
grow 60
grow cyclic 61
grow down 66
grow left 66
grow right 66
grow up 66

H

hang 190
harpoon 42
height 94, 145
hobby 130, 136
horizontal 159
hvlogos 56

I

image 52
Implies 40
in 39, 40, 42
in looseness 40
in max distance 40
in min distance 40
\includegraphics 51
initially 117
inner data 176
inner data sep 176

inner sep 24, 25
intersection 118
intersections 118

J

jigsaw 184
John Hobby 136

K

key 45
Koch 96
Koch 曲線 96
Koch curve type 1 96
Koch curve type 2 96

L

label 31
LaTeX コンテンツ 106
LaTeX 数式フォント 40
left 27, 60, 82, 144
legend pos 150, 171, 172
length 42, 189
level 59
level distance 61
line cap 39
line width 39
lineto 91, 95
loglogaxis 143
loop 40
loosely dash dot 39
loosely dashed 39
loosely dotted 39
looseness 39, 42
lwarp 6

M

main 104
markings 89
\matrix 67
matrix 56, 67, 186
matrix of nodes 67, 70
max distance 40
meta 40
MetaPost 3, 141
mid 22
mid east 22
mid west 22
middle 144, 176
midway 28
min distance 40
mindmap 62, 63
minimum size 183

minor tick num 145
minor x tick num 145
mirror 95
module minimum height 160
module minimum width 160
module shape 160
module x sep 160
module y sep 160
monitor 24
mygrid 54

N

name intersections 119
name path 118, 149
name path global 118, 150
near end 28
near start 28
\node 20, 103
node 42
nodes 67
nodes near coords 174
none 144
nonzero rule 75, 76, 78
north 20, 22, 60
north east 60
north west 60
number 47, 49

O

of 118, 119
only marks 142
opacity 98, 99, 101
open 42
out 39, 42
out looseness 40
out max distance 40
out min distance 40
outer sep 25
overlay 81, 105, 106

P

\path 149
path picture 52
pgf 4
PGF 2
PGF バックエンド 5
pgfplots 140, 141
\pgfplotsset 157
.pic 53
\pic 94

pic 53, 105
pics 53
pict2e 3
picture 2, 62
pin 31
planet color 164
planet font 163
planet size 164
planet text width 164
plot 136
pointer 24
polar 140, 143
polaraxis 143, 151
Portable Graphics Format 2
pos 28
positioning 19, 27, 35, 45
post 95
postaction 88, 89, 92, 93
PostScript 3
pre 95
pre/post 95
preaction 88, 92, 93
PSTricks 3
PSTricks パッケージ 3

Q

quote 35
quotes 6, 38, 56, 66

R

radial 81
radius 92
random steps 91
rectangle 21, 22, 33
relative 39, 42
remember picture 105, 106
reversed 42
right 27, 28, 60, 82, 144
rotate 53, 122
rotate around 122, 123
rotate around x 123
rotate around y 123
rotate around z 123
rotation 94
row sep 68

S

sansmath 157
satellite fill opacity 164
satellite font 164
satellite size 164

satellite text opacity 164
satellite text width 164
saw 91
scale 42, 53, 124
scale around 124
scale length 42
scale width 42
scaling 94
scope 45, 50, 101
\scoped 50
scopes 50
\scsnowman 182
segment 149
segment length 90–92
semi thick 39
semilogxaxis 143
sequence item border color 161
sequence item border size 161
sequence item fill opacity 161
sequence item font size 161
sequence item height 161
sequence item text opacity 161
sequence item text width 161
sequence item uniform color 161
sequence item width 161
set color list 159
\shade 81
shade 81
\shadedraw 81
shading 18, 83, 86
shadings 71
shape 45
shapes 19, 21, 94
shift 121
shift only 128
shipout 107
sibling angle 61
sibling distance 59
slant 42
sloped 38
smartdiagram 157
\smartdiagramset 157
smooth 139
smooth キーワード 133
snake 91, 99
soft clip 148

sort by 119
south 20, 26, 60
south east 60
south west 60, 150
spline 135
spline TikZ 130
split 149
sqrt 114
stack plots 170
standalone iii, 8
starburst 24
stealth 69, 160
step 10
\strut 160
.style 53
style 31, 37, 47
submatrix 103, 104
surf 154
surface plot 154
swap 42
switch 32

T

tension 138
TeX Directory Structure (TDS) 5
text 22, 37
text color 160
text opacit 99
text width 160
thin 10, 39
ticks 92
\tikz 29
tikz 6, 9
TikZ intersections 149
tikzbricks 187, 189
tikzducks 178
tikzlings 45, 53, 179, 182, 190
\tikzmark 106
tikzmark 105
tikzpeople 19, 24, 34
tikzpicture 9
tikzpingus 182
\tikzset 47, 50, 157
Till Tantau 2
to 35, 42
top 82, 144
topaths 35
total 119
transform canvas 129
transform shape 124
transparency group 101
tree 69
trees 56, 61

turn 190

U

ultra thick 39
ultra thin 39
uniform arrow color 160
uniform color list 159
uniform connection color 164
uniform sequence color 161
up 60
use predefined color list 159

V

vertex 49
very near end 28
very near start 28
very thick 17, 39
very thin 39

W

wall 187
waves 92
\WCperc 176
west 20, 22, 60
wheelchart 157
width 42, 45, 94, 145

X

xbar 172, 173
xbar stacked 173
xcolor 4
xmax 144
xmin 144
xscale 124
xsep 25
xshift 39, 121
xslant 127
xtick 145
xtick distance 145

Y

ybar 172
ybar stacked 172, 173
ymax 144
ymin 144
yscale 124
ysep 25
yshift 121

yslant 127
ytick 145
ytick distance 145

Z

z buffer 155
zigzag 91
zmax 144
zmin 144
ztick 145
ztick distance 145

あ行

アイデアの可視化 62
アスペクト比 23
アノテーション 93
アルキメデス螺旋 115
アンカー 20

移動変換 129

円弧 16

オイラー 46
扇形配置 61
オーバーレイ 105

か行

加色モデル 84
カラーホイール 84
カラーマップ 154
間隔あけ 25
関係図 162

キー 45
基線 22
キーハンドル 45
基本レイヤー 5
逆クリッピング 79
キャンバス 129
極座標 151
極座標系 12
極プロット 151

偶奇規則 75
グリッド 8
クリッピング 76
クリッピングパス 77

現在位置 30
減色モデル 84

コマンドエイリアス 71

さ 行

3次元座標　13
サンセリフ体　14

シェイプ　24
シェーディング　30, 81
軸シェーディング　81
ジグソーパズル　184
シーケンス図　160
出射角　131

スケーリングファクタ　124
スタイル　45
スプライン　135
スマイリー　16

星座ダイアグラム　163
絶対座標　14
説明図　165
セル　68
セルノード　68
線形シェーディング　81
線形フローダイアグラム　158

双線形補間　84
相対座標　14

た 行

タイプライタ体　36
楕円　16
短縮構文　29

追加アクション　88
ツリー　56

デカルト座標系　10
コマンドライン　33
デコレーション　88
デザインオプション　20
デセンダ　65
転置行列　102

透過性　98
透明性グループ　102
とげ矢印　41
ドット　31

な 行

内部判定規則　72
なめらかな線　132

入射角　131

根ノード　57

ノットの制御点　136
ノード　19
ノードアンカー　106
ノードシェイプ　21
ノンゼロワインディング規則　72

は 行

背面レイヤー　104
ハイライトする　49
バイリニア　84
パスオプション　39
バブルダイアグラム　162
パラメトリック曲線　154
ハンドル　45
凡例　150

ピン　45

フォーマットオプション　66
縁取り　24
部分修飾子　115
プリアンブル　6, 27
フローチャート　157
プロットの交点　149
プロットパス　149

ベジエ曲線　134
ベースライン　22
辺　36

ボールシェーディング　83
ホイールチャート　175
方位指定　20

ま 行

マーキング　94
マインドマップ　62
マクロ定義　30

モーフィング　90

や 行

矢頭　42

ら 行

ラジアン　152
ラバーダック・デバッグ　178

ループ変数　116

レイヤー　104

わ 行

ワークフロー　157

訳者略歴

黒川　利明（くろかわ　としあき）

1948年　大阪府に生まれる
1972年　東京大学教養学部基礎科学科卒業
　　　　東芝（株），新世代コンピュータ技術開発機構，日本 IBM（株），
　　　　（株）CSK（現 SCSK（株）），金沢工業大学を経て
現　在　デザイン思考教育研究所主宰
　　　　IEEE SOFTWARE Advisory Board メンバー
　　　　2015年より町田市介護予防サポーター，高齢者を中心とした「次世代サポーター」グループで地域の小学生の教育支援に取り組む

[著書]『Scratch で学ぶビジュアルプログラミング―教えられる大人になる』（朝倉書店）など

[翻訳書]『Python 時系列分析クックブック I・II』『データ構造とアルゴリズム―上達のための基本・常識』『Python と Q# で学ぶ量子コンピューティング』『Transformer による自然言語処理』『データビジュアライゼーション―データ駆動型デザインガイド』『事例とベストプラクティス Python 機械学習―基本実装と scikit-learn/TensorFlow/PySpark 活用』『pandas クックブック―Python によるデータ処理のレシピ』（朝倉書店），『実践 AWS データサイエンス―エンドツーエンドの MLOps パイプライン実装』『EffectivePython 第2版―Python プログラムを改良する 90 項目』『問題解決の Python プログラミング―数学パズルで鍛えるアルゴリズム的思考』『データサイエンスのための統計学入門第2版―予測，分類，統計モデリング，統計的機械学習と R/Python プログラミング』『R ではじめるデータサイエンス』『Effective Debugging―ソフトウェアとシステムをデバッグする 66 項目』『Python 計算機科学新教本―新定番問題を解決する探索アルゴリズム，k 平均法，ニューラルネットワーク』『Python による Web スクレイピング第2版』『Modern C++ チャレンジ―C++17 プログラミング力を鍛える 100 問』『Optimized C++―最適化，高速化のためのプログラミングテクニック』『Python によるファイナンス第2版―データ駆動型アプローチに向けて』』（オライリー・ジャパン）など多数

TikZ による LaTeX グラフィックス　　定価はカバーに表示

2024年11月1日　初版第1刷

訳　者　黒　川　利　明
発行者　朝　倉　誠　造
発行所　株式会社　朝　倉　書　店
　　　　東京都新宿区新小川町 6-29
　　　　郵便番号　162-8707
　　　　電　話　03(3260)0141
　　　　F A X　03(3260)0180
　　　　https://www.asakura.co.jp

〈検印省略〉

© 2024〈無断複写・転載を禁ず〉　　シナノ印刷・渡辺製本

ISBN 978-4-254-12305-0　C 3004　　Printed in Japan

JCOPY 〈出版者著作権管理機構　委託出版物〉

本書の無断複写は著作権法上での例外を除き禁じられています．複写される場合は，そのつど事前に，出版者著作権管理機構（電話 03-5244-5088，FAX 03-5244-5089，e-mail: info@jcopy.or.jp）の許諾を得てください．

データビジュアライゼーション ―データ駆動型デザインガイド―

Andy Kirk(著) ／黒川 利明 (訳)

B5 判／ 296 ページ　ISBN：978-4-254-10293-2　C3040　定価 4,950 円（本体 4,500 円＋税）

"Data Visualisation: A Handbook for Data Driven Design" 第 2 版の翻訳。豊富な事例で学ぶ，批判的思考と合理的な意思決定による最適なデザイン。チャートの選択から配色・レイアウトまで，あらゆる決定に根拠を与える。可視化ツールに依存しない普遍的な理解のために！　オールカラー。

Python インタラクティブ・データビジュアライゼーション入門 ―Plotly/Dashによるデータ可視化とWebアプリ構築―

@driller・小川 英幸・古木 友子 (著)

B5 判／ 288 ページ　ISBN：978-4-254-12258-9　C3004　定価 4,400 円（本体 4,000 円＋税）

Web サイトで公開できる対話的・探索的（読み手が自由に動かせる）可視化を Python で実践。データ解析に便利な Plotly，アプリ化のためのユーザインタフェースを作成できる Dash，ネットワーク図に強い Dash Cytoscape を具体的に解説。

宇宙怪人しまりす統計よりも重要なことを学ぶ

佐藤 俊哉 (著)

A5 判／ 120 ページ　ISBN：978-4-254-12297-8　C3041　定価 2,200 円（本体 2,000 円＋税）

あの宇宙怪人が装いも新たに帰ってきた！　地球征服にやってきたはずが，京都で医療統計を学んでいるしまりすと先生のほのぼのストーリー。統計的に有意は禁止となるのか，観察研究で未知の要因の影響は否定できないのか，そもそも統計よりも重要なことはあるのか。

Python によるシミュレーションモデリング

Giuseppe Ciaburro(著) ／黒川 利明 (訳)

A5 判／ 368 ページ　ISBN：978-4-254-12301-2　C3004　定価 5,940 円（本体 5,400 円＋税）

さまざまな統計的シミュレーションを Python で実践．数値計算の基礎から，シミュレーションモデルの習得，実際の問題解決へ〔内容〕乱数／確率／モンテカルロ法／マルコフ決定過程／リサンプリング手法／最適化／進化システム入門／金融工学／ニューラルネットワークと物理現象／プロジェクト管理／動的な系における故障診断

データ構造とアルゴリズム ―上達のための基本・常識―

Jay Wengrow(著) ／黒川 利明 (訳)

A5 判／ 384 ページ　ISBN：978-4-254-12287-9　C3004　定価 4,950 円（本体 4,500 円＋税）

データ構造とアルゴリズムの基本を解説。式や変数はほぼ使わず，初学者でも直観的にわかるように具体的な数値やデータ，図，グラフを使って説明。初学者に最適な入門書〔内容〕データ構造やアルゴリズムの重要性／O 表記／ハッシュテーブル／スタック／キュー／再帰／動的計画法／連結リスト／ヒープ／二分木／グラフ／領域計算量。

理論計算機科学事典

徳山 豪・小林 直樹 (総編集)

A5 判／ 816 ページ　ISBN：978-4-254-12263-3　C3504　定価 19,800 円（本体 18,000 円＋税）

理論計算機科学の全体像を解説する日本初の事典。大学教育レベルの教科書あるいは参考書としても活用できるよう，重要な基盤項目には例を用いたコンパクトな説明を付し，理論計算機科学の学術的最前線の状況にまで触れる。「アルゴリズムと計算複雑度」と「形式モデルと意味論」の二部構成。〔内容〕計算とアルゴリズム／計算モデルと計算量／応用分野における計算理論／形式言語とオートマトン／計算モデル／プログラム意味論／システム検証理論

上記価格は 2024 年 10 月現在